AF355477

Oskar Wilde

Salome

e-artnow 2018

Alexandre Dumas
Der Graf von Monte Christo

Henryk Sienkiewicz
Sintflut (Historischer Roman)

Miguel de Cervantes Saavedra
Don Quijote: Band 1 & 2

Anton Tschechow
Die Möwe

Friedrich Gottlieb Klopstock
Hermanns Schlacht

Victor Hugo
Lucretia Borgia

Victor Hugo
Dramatische Werke von Victor Hugo: Maria Tudor + Lucretia Borgia

Anton Tschechow
Der Kirschgarten (Eine Tragikomödie)

Christopher Marlowe
Die besten Tragödien von Marlowe: Doktor Faustus + Eduard II.

Johann Wolfgang von Goethe
Götz von Berlichingen mit der eisernen Hand

Oskar Wilde

Salome

Tragödie in einem Aufzuge: Nach Oskar Wilde's gleichnamiger Dichtung

Übersetzer: Hedwig Lachman

e-artnow, 2018
ISBN 978-80-273-1021-0

Inhaltsverzeichnis

Salome

Personen:

Herodes	Tenor
Herodias	Mezzosopran
Salome	Sopran
Jochanaan	Bariton
Narraboth	Tenor
Ein Page der Herodias	Alt
Fünf Juden	4 Tenöre, 1 Baß
Zwei Nazarener	Tenor, Baß
Zwei Soldaten, Ein Cappadocier	Bässe
Ein Sklave	

Eine große Terrasse im Palast des Herodes, die an den Bankettsaal stößt. Einige Soldaten lehnen sich über die Brüstung. Rechts eine mächtige Treppe, links im Hintergrund eine alte Cisterne mit einer Einfassung aus grüner Bronze. Der Mond scheint sehr hell.

Erste Szene.

Narraboth. Wie schön ist die Prinzessin Salome heute nacht!

Page. Sieh die Mondscheibe, wie sie seltsam aussieht. Wie eine Frau, die aufsteigt aus dem Grab.

Narraboth. Sie ist sehr seltsam. Wie eine kleine Prinzessin, deren Füße weiße Tauben sind. Man könnte meinen, sie tanzt.

Page. Wie eine Frau, die tot ist. Sie gleitet langsam dahin. (Lärm im Bankettsaal.)

Erster Soldat. Was für ein Aufruhr! Was sind das für wilde Tiere, die da heulen?

Zweiter Soldat. Die Juden. (Trocken) Sie sind immer so. Sie streiten über ihre Religion.

Erster Soldat. Ich finde es lächerlich, über solche Dinge zu streiten.

Narraboth Wie schön ist die Prinzessin Salome heute abend!

Page (unruhig). Du siehst sie immer an. Du siehst sie zuviel an. Es ist gefährlich, Menschen auf diese Art anzusehn. Schreckliches kann geschehn.

Narraboth. Sie ist sehr schön heute abend.

Erster Soldat. Der Tetrarch sieht finster drein.

Zweiter Soldat. Ja, er sieht finster drein.

Erster Soldat. Auf wen blickt er?

Zweiter Soldat. Ich weiß nicht.

Narraboth. Wie blaß die Prinzessin ist. Niemals habe ich sie so blaß gesehn. Sie ist wie der Schatten einer weißen Rose in einem silbernen Spiegel.

Page (sehr unruhig). Du mußt sie nicht ansehn. Du siehst sie zuviel an. Schreckliches kann geschehn.

Die Stimme des Jochanaan (aus der Cisterne). Nach mir wird Einer kommen, der ist stärker als ich. Ich bin nicht wert, ihm zu lösen den Riemen an seinen Schuh'n. Wenn er kommt, werden die verödeten Stätten frohlocken. Wenn er kommt, werden die Augen der Blinden den Tag sehn. Wenn er kommt, die Ohren der Tauben geöffnet.

Zweiter Soldat. Heiß' ihn schweigen! Er sagt immer lächerliche Dinge.

Erster Soldat. Er ist ein heil'ger Mann. Er ist sehr sanft. Jeden Tag, den ich ihm zu essen gebe, dankt er mir.

Ein Cappadocier. Wer ist es?

Erster Soldat. Ein Prophet.

Ein Cappadocier. Wie ist sein Name?

Erster Soldat. Jochanaan.

Ein Cappadocier. Woher kommt er?

Erster Soldat. Aus der Wüste. Eine Schar von Jüngern war dort immer um ihn.

Ein Cappadocier. Wovon redet er?

Erster Soldat. Unmöglich ist's, zu verstehn, was er sagt.

Ein Cappadocier. Kann man ihn sehn?

Erster Soldat. Nein, der Tetrarch hat es verboten.

Narraboth (sehr erregt). Die Prinzessin erhebt sich! Sie verläßt die Tafel. Sie ist sehr erregt. Sie kommt hierher.

Page. Sieh sie nicht an!

Narraboth. Ja, sie kommt auf uns zu.

Page. Ich bitte dich, sieh sie nicht an!

Narraboth. Sie ist wie eine verirrte Taube.

Zweite Szene.

(Salome tritt erregt ein.)

Salome. Ich will nicht bleiben. Ich kann nicht bleiben. Warum sieht mich der Tetrarch fort-während so an mit seinen Maulwurfsaugen unter den zuckenden Lidern? Es ist seltsam, daß der Mann meiner Mutter mich so ansieht. Wie süß ist hier die Luft! Hier kann ich atmen ... Da drinnen sitzen Juden aus Jerusalem, die einander über ihre närrischen Gebräuche in Stücke reißen ... Schweigsame, list'ge Ägypter und brutale ungeschlachte Römer mit ihrer plumpen Sprache ... O, wie ich diese Römer hasse!

Page (zu Narraboth). Schreckliches wird geschehn. Warum siehst du sie so an?

Salome. Wie gut ist's, in den Mond zu sehn. Er ist wie eine silberne Blume, kühl und keusch. Ja, wie die Schönheit einer Jungfrau, die rein geblieben ist.

Die Stimme des Jochanaan. Siehe, der Herr ist gekommen, des Menschen Sohn ist nahe.

Salome. Wer war das, der hier gerufen hat?

Zweiter Soldat. Der Prophet, Prinzessin.

Salome. Ach, der Prophet! Der, vor dem der Tetrarch Angst hat?

Zweiter Soldat. Wir wissen davon nichts, Prinzessin. Es war der Prophet Jochanaan, der hier rief.

Narraboth(zu Salome). Beliebt es Euch, daß ich Eure Sänfte holen lasse, Prinzessin? Die Nacht ist schön im Garten.

Salome. Er sagt schreckliche Dinge über meine Mutter, nicht wahr?

Zweiter Soldat. Wir verstehen nie, was er sagt, Prinzessin.

Salome. Ja, er sagt schreckliche Dinge über sie.

(Ein Sklave tritt ein.)

Sklave. Prinzessin, der Tetrarch ersucht Euch, wieder zum Fest hineinzugehn.

Salome (heftig). Ich will nicht hineingehn.

(Der Sklave geht ab.)

Salome. Ist dieser Prophet ein alter Mann?

Narraboth (dringender). Prinzessin, es wäre besser hineinzugehn. Gestattet, daß ich Euch führe.

Salome (gesteigert). Ist der Prophet ein alter Mann?

Erster Soldat. Nein, Prinzessin, er ist ganz jung.

Die Stimme des Jochanaan. Jauchze nicht, du Land Palästina, weil der Stab dessen, der dich schlug, gebrochen ist. Denn aus dem Samen der Schlange wird ein Basilisk kommen, und seine Brut wird die Vögel verschlingen.

Salome. Welch seltsame Stimme! Ich möchte mit ihm sprechen...

Zweiter Soldat. Prinzessin, der Tetrarch duldet nicht, daß irgend wer mit ihm spricht. Er hat selbst dem Hohenpriester verboten, mit ihm zu sprechen.

Salome. Ich wünsche mit ihm zu sprechen.

Zweiter Soldat. Es ist unmöglich, Prinzessin.

Salome (immer heftiger). Ich will mit ihm sprechen ... Bringt diesen Propheten heraus!

Zweiter Soldat. Wir dürfen nicht, Prinzessin.

Salome (tritt an die Cisterne heran und blickt hinunter). Wie schwarz es da drunten ist! Es muß schrecklich sein, in so einer schwarzen Höhle zu leben ... Es ist wie eine Gruft ... (wild) Habt ihr nicht gehört? Bringt den Propheten heraus! Ich möchte ihn sehn!

Erster Soldat. Prinzessin, wir dürfen nicht tun, was Ihr von uns begehrt.

Salome (erblickt Narraboth). Ah!

Page. O, was wird geschehn? Ich weiß, es wird Schreckliches geschehn.

Salome (tritt an Narraboth heran, leise und lebhaft sprechend). Du wirst das für mich tun, Narraboth, nicht wahr? Ich war dir immer gewogen. Du wirst das für mich tun. Ich möchte ihn bloß sehn, diesen seltsamen Propheten. Die Leute haben soviel von ihm gesprochen. Ich glaube, der Tetrarch hat Angst vor ihm.

Narraboth. Der Tetrarch hat es ausdrücklich verboten, daß irgend wer den Deckel zu diesem Brunnen aufhebt.

Salome. Du wirst das für mich tun, Narraboth, (sehr hastig) und morgen, wenn ich in meiner Sänfte an dem Torweg, wo die Götzenbilder stehn, vorbeikomme, werde ich eine kleine Blume für dich fallen lassen, ein kleines grünes Blümchen.

Narraboth. Prinzessin, ich kann nicht, ich kann nicht.

Salome (bestimmter). Du wirst das für mich tun, Narraboth. Du weißt, daß du das für mich tun wirst. Und morgen früh werde ich unter den Musselinschleiern dir einen Blick zuwerfen, Narraboth, ich werde dich ansehn, kann sein, ich werde dir zulächeln. Sieh mich an, Narraboth, sieh mich an. Ah! wie gut du weißt, daß du tun wirst, um was ich dich bitte! Wie du es weißt! (Stark) Ich weiß, du wirst das tun.

Narraboth (gibt den Soldaten ein Zeichen). Laßt den Propheten herauskommen ... die Prinzessin Salome wünscht ihn zu sehen.

Salome. Ah!

(Der Prophet kommt aus der Cisterne.)

Dritte Szene.

(Salome, in seinen Anblick versunken, weicht langsam vor ihm zurück.)

Jochanaan (stark). Wo ist er, dessen Sündenbecher jetzt voll ist? Wo ist er, der eines Tages im Angesicht alles Volkes in einem Silbermantel sterben wird? Heißt ihn herkommen, auf daß er die Stimme Dessen höre, der in den Wüsten und in den Häusern der Könige gekündet hat.

Salome. Von wem spricht er?

Narraboth. Niemand kann es sagen, Prinzessin.

Jochanaan. Wo ist sie, die sich hingab der Lust ihrer Augen, die gestanden hat vor buntgemalten Männerbildern und Gesandte ins Land der Chaldäer schickte?

Salome (tonlos). Er spricht von meiner Mutter.

Narraboth (heftig). Nein, nein Prinzessin.

Salome (matt). Ja, er spricht von meiner Mutter.

Jochanaan. Wo ist sie, die den Hauptleuten Assyriens sich gab? Wo ist sie, die sich den jungen Männern der Ägypter gegeben hat, die in feinem Leinen und Hyazinthgesteinen prangen, deren Schilde von Gold sind und die Leiber wie von Riesen? Geht, heißt sie aufstehn von dem Bett ihrer Greuel, vom Bett ihrer Blutschande; auf daß sie die Worte Dessen vernehme, der dem Herrn die Wege bereitet, und ihre Missetaten bereue. Und wenn sie gleich nicht bereut, heißt sie herkommen, denn die Geißel des Herrn ist in seiner Hand.

Salome. Er ist schrecklich. Er ist wirklich schrecklich.

Narraboth. Bleibt nicht hier, Prinzessin, ich bitte Euch!

Salome. Seine Augen sind von allem das Schrecklichste. Sie sind wie die schwarzen Höhlen, wo die Drachen hausen! Sie sind wie schwarze Seen, aus denen irres Mondlicht flackert. Glaubt ihr, daß er noch einmal sprechen wird?

Narraboth (immer aufgeregter). Bleibt nicht hier, Prinzessin. Ich bitte Euch, bleibt nicht hier.

Salome. Wie abgezehrt er ist! Er ist wie ein Bildnis aus Elfenbein. Gewiß ist er keusch wie der Mond. Sein Fleisch muß sehr kühl sein, kühl wie Elfenbein. Ich möchte ihn näher besehn.

Narraboth. Nein, nein, Prinzessin.

Salome. Ich muß ihn näher besehn.

Narraboth. Prinzessin! Prinzessin…

Jochanaan. Wer ist dies Weib, das mich ansieht? Ich will ihre Augen nicht auf mir haben. Warum sieht sie mich so an mit ihren Goldaugen unter den gleißenden Lidern? Ich weiß nicht, wer sie ist. Ich will nicht wissen, wer sie ist. Heißt sie gehn! Zu ihr will ich nicht sprechen.

Salome. Ich bin Salome, die Tochter der Herodias, Prinzessin von Judäa.

Jochanaan. Zurück, Tochter Babylons! Komm dem Erwählten des Herrn nicht nahe! Deine Mutter hat die Erde erfüllt mit dem Wein ihrer Lüste, und das Unmaß ihrer Sünden schreit zu Gott.

Salome. Sprich mehr, Jochanaan, deine Stimme ist wie Musik in meinen Ohren.

Narraboth. Prinzessin! Prinzessin! Prinzessin!

Salome. Sprich mehr! Sprich mehr, Jochanaan, und sag' mir, was ich tun soll?

Jochanaan. Tochter Sodoms, komm mir nicht nahe! Vielmehr bedecke dein Gesicht mit einem Schleier, streue Asche auf deinen Kopf, mach dich auf in die Wüste und suche des Menschen Sohn.

Salome. Wer ist das, des Menschen Sohn? Ist er so schön wie du, Jochanaan?

Jochanaan. Weiche von mir! Ich höre die Flügel des Todesengels im Palaste rauschen…

Salome. Jochanaan!

Narraboth. Prinzessin, ich flehe, geh hinein!

Salome. Jochanaan! Ich bin verliebt in deinen Leib, Jochanaan! Dein Leib ist weiß wie die Lilien auf einem Felde, von der Sichel nie berührt. Dein Leib ist weiß wie der Schnee auf den Bergen Judäas. Die Rosen im Garten von Arabiens Königin sind nicht so weiß wie dein Leib, nicht die Rosen im Garten der Königin, nicht die Füße der Dämmerung auf den Blättern, nicht die Brüste des Mondes auf dem Meere, nichts in der Welt ist so weiß wie dein Leib. Laß mich ihn berühren, deinen Leib!

Jochanaan. Zurück, Tochter Babylons! Durch das Weib kam das Übel in die Welt. Sprich nicht zu mir. Ich will dich nicht anhör'n! Ich höre nur auf die Stimme des Herrn, meines Gottes.

Salome. Dein Leib ist grauenvoll. Er ist wie der Leib eines Aussätzigen. Er ist wie eine getünchte Wand, wo Nattern gekrochen sind; wie eine getünchte Wand, wo die Skorpione ihr Nest gebaut. Er ist wie ein übertünchtes Grab voll widerlicher Dinge. Er ist gräßlich, dein Leib ist gräßlich. In dein Haar bin ich verliebt, Jochanaan. Dein Haar ist wie Weintrauben, wie Büschel schwarzer Trauben, an den Weinstöcken Edoms. Dein Haar ist wie die Cedern, die großen Cedern vom Libanon, die den Löwen und Räubern Schatten spenden. Die langen schwarzen Nächte, wenn der Mond sich verbirgt, wenn die Sterne bangen, sind nicht so schwarz wie dein Haar. Des Waldes Schweigen ....Nichts in der Welt ist so schwarz wie dein Haar. Laß mich es berühren, dein Haar!

Jochanaan. Zurück, Tochter Sodoms! Berühre mich nicht! Entweihe nicht den Tempel des Herrn, meines Gottes!

Salome. Dein Haar ist gräßlich! Es starrt von Staub und Unrat. Es ist wie eine Dornenkrone auf deinen Kopf gesetzt. Es ist wie ein Schlangenknoten gewickelt um deinen Hals. Ich liebe dein Haar nicht. (Mit höchster Leidenschaft) Deinen Mund begehre ich, Jochanaan. Dein Mund ist wie ein Scharlachband an einem Turm von Elfenbein. Er ist wie ein Granatapfel, von einem Silbermesser zerteilt. Die Granatapfelblüten in den Gärten von Tyrus, glüh'nder als Rosen, sind nicht so rot. Die roten Fanfaren der Trompeten, die das Nah'n von Kön'gen künden und vor denen der Feind erzittert, sind nicht so rot, wie dein roter Mund. Dein Mund ist röter als die Füße der Männer, die den Wein stampfen in der Kelter. Er ist röter als die Füße der Tauben, die in den Tempeln wohnen. Dein Mund ist wie ein Korallenzweig in der Dämm'rung des Meer's, wie der Purpur in den Gruben von Moab, der Purpur der Könige. (Außer sich) Nichts in der Welt ist so rot wie dein Mund. Laß mich ihn küssen, deinen Mund.

Jochanaan (leise, in tonlosem Schauder). Niemals, Tochter Babylons, Tochter Sodoms ... Niemals!

Salome. Ich will deinen Mund küssen, Jochanaan. Ich will deinen Mund küssen....

Narraboth (in höchster Angst und Verzweiflung). Prinzessin, Prinzessin, die wie ein Garten von Myrrhen ist, die die Taube aller Tauben ist, sieh diesen Mann nicht an. Sprich nicht solche Worte zu ihm. Ich kann es nicht ertragen....

Salome. Ich will deinen Mund küssen, Jochanaan. Ich will deinen Mund küssen.

       (Narraboth ersticht sich und fällt tot zwischen Salome Jochanaan.)

Salome. Laß mich deinen Mund küssen, Jochanaan!

Jochanaan. Wird dir nicht bange, Tochter der Herodias?

Salome. Laß mich deinen Mund küssen, Jochanaan!

Jochanaan. Tochter der Unzucht, es lebt nur Einer, der dich retten kann. Geh', such' ihn. (Mit größter Wärme) Such' ihn. Er ist in einem Nachen auf dem See von Galiläa und redet zu seinen Jüngern, (sehr feierlich) Knie nieder am Ufer des Sees, ruf ihn an und rufe ihn beim Namen, wenn er zu dir kommt, und er kommt zu allen, die ihn rufen, dann bücke dich zu seinen Füßen, daß er dir deine Sünden vergebe.

Salome (wie verzweifelt). Laß mich deinen Mund küssen, Jochanaan!

Jochanaan. Sei verflucht, Tochter der blutschänderischen Mutter, sei verflucht!

Salome. Laß mich deinen Mund küssen, Jochanaan!

Jochanaan. Ich will dich nicht ansehn. Du bist verflucht, Salome. Du bist verflucht. (Er geht wieder in die Cisterne hinab.)

Vierte Szene

(Herodes, Herodias treten mit Gefolge ein.)

Herodes. wo ist Salome? Wo ist die Prinzessin? Warum kam sie nicht wieder zum Bankett, wie ich ihr befohlen hatte? Ah! Da ist sie!

Herodias. Du sollst sie nicht ansehn. Fortwährend siehst du sie an!

Herodes. Wie der Mond heute nacht aussieht! Ist es nicht ein seltsames Bild? Es sieht aus wie ein wahnwitziges Weib, das überall nach Buhlen sucht ..., wie ein betrunkenes Weib, das durch Wolken taumelt...

Herodias. Nein, der Mond ist wie der Mond, das ist alles, wir wollen hineingehn.

Herodes. Ich will hier bleiben. Manassah, leg Teppiche hierher! Zündet Fackeln an! Ich will noch Wein mit meinen Gästen trinken! Ah! Ich bin ausgeglitten. Ich bin in Blut getreten, das ist ein böses Zeichen. Warum ist hier Blut? Und dieser Tote? Wer ist dieser Tote hier? Wer ist dieser Tote? Ich will ihn nicht sehn.

Erster Soldat. Es ist unser Hauptmann, Herr.

Herodes. Ich erließ keinen Befehl, daß er getötet werde.

Erster Soldat. Er hat sich selbst getötet, Herr.

Herodes. Das scheint mir seltsam. Der junge Syrier, er war sehr schön. Ich erinnere mich, ich sah seine schmachtenden Augen, wenn er Salome ansah. – Fort mit ihm. (sie tragen den Leichnam weg.) Es ist kalt hier. Es weht ein Wind. ... Weht nicht ein Wind?

Herodias (trocken). Nein, es weht kein Wind.

Herodes. Ich sage euch, es weht ein Wind. – und in der Luft höre ich etwas wie das Rauschen von mächtigen Flügeln. ... Hört ihr es nicht?

Herodias. Ich höre nichts.

Herodes. Jetzt höre ich es nicht mehr. Aber ich habe es gehört, es war das Wehn des Windes. Es ist vorüber. Horch! Hört ihr es nicht? Das Rauschen von mächt'gen Flügeln. ...

Herodias. Du bist krank, wir wollen hineingehn.

Herodes. Ich bin nicht krank. Aber deine Tochter ist krank zu Tode. Niemals hab' ich sie so blaß gesehn.

Herodias. Ich habe dir gesagt, du sollst sie nicht ansehn.

Herodes. Schenkt mir Wein ein. (Es wird Wein gebracht.) Salome, komm, trink Wein mit mir, einen köstlichen Wein. Cäsar selbst hat ihn mir geschickt. Tauche deine kleinen roten Lippen hinein, deine kleinen roten Lippen, dann will ich den Becher leeren.

Salome. Ich bin nicht durstig, Tetrarch.

Herodes. Hörst du, wie sie mir antwortet, diese deine Tochter?

Herodias. Sie hat recht. Warum starrst du sie immer an?

Herodes. Bringt reife Früchte. (Es werden Früchte gebracht.) Salome, komm, iß mit mir von diesen Früchten. Den Abdruck deiner kleinen, weißen Zähne in einer Frucht seh' ich so gern. Beiß nur ein wenig ab, nur ein wenig von dieser Frucht, dann will ich essen, was übrig ist.

Salome. Ich bin nicht hungrig, Tetrarch.

Herodes (zu Herodias). Du siehst, wie du diese deine Tochter erzogen hast!

Herodias. Meine Tochter und ich stammen aus königlichem Blut. Dein Vater war Kameltreiber, dein Vater war ein Dieb und ein Räuber obendrein.

Herodes. Salome, komm, setz dich zu mir. Du sollst auf dem Thron deiner Mutter sitzen.

Salome. Ich bin nicht müde, Tetrarch.

Herodias. Du siehst, wie sie dich achtet.

Herodes. Bringt mir – was wünsche ich denn? Ich habe es vergessen. Ah! Ah! Ich erinnre mich –

Die Stimme des Jochanaan. Siehe, die Zeit ist gekommen, der Tag, von dem ich sprach, ist da.

Herodias. Heiß' ihn schweigen! Dieser Mensch beschimpft mich!

Herodes. Er hat nichts gegen dich gesagt. Überdies ist er ein sehr großer Prophet.

Herodias. Ich glaube nicht an Propheten. Aber du, du hast Angst vor ihm!

Herodes. Ich habe vor niemandem Angst.

Herodias. Ich sage dir, du hast Angst vor ihm. Warum lieferst du ihn nicht den Juden aus, die seit Monaten nach ihm schreien?

Erster Jude. Wahrhaftig, Herr, es wäre besser, ihn in unsre Hände zu geben!

Herodes. Genug davon! Ich werde ihn nicht in eure Hände geben. Er ist ein heil'ger Mann. Er ist ein Mann, der Gott geschaut hat.

Erster Jude. Das kann nicht sein. Seit dem Propheten Elias hat niemand Gott gesehn. Er war der letzte, der Gott von Angesicht geschaut. In unsren Tagen zeigt sich Gott nicht. Gott verbirgt sich. Darum ist großes Übel über das Land gekommen, großes Übel.

Zweiter Jude. In Wahrheit weiß niemand, ob Elias in der Tat Gott gesehen hat. Möglicherweise war es nur der Schatten Gottes, was er sah.

Dritter Jude. Gott ist zu keiner Zeit verborgen. Er zeigt sich zu allen Zeiten und an allen Orten. Gott ist im schlimmen ebenso wie im guten.

Vierter Jude. Du solltest das nicht sagen, es ist eine sehr gefährliche Lehre aus Alexandria. Und die Griechen sind Heiden.

Fünfter Jude. Niemand kann sagen, wie Gott wirkt. Seine Wege sind sehr dunkel. Wir können nur unser Haupt unter seinen Willen beugen, denn Gott ist sehr stark.

Erster Jude. Du sagst die Wahrheit. Fürwahr, Gott ist furchtbar. Aber was diesen Menschen angeht, der hat Gott nie gesehn. Seit dem Propheten Elias hat niemand Gott gesehn. Er war der letzte, der Gott von Angesicht zu Angesicht geschaut. In unsren Tagen zeigt sich Gott nicht. Gott verbirgt sich. Darum ist großes Übel über das Land gekommen. Er war der letzte usw.

Zweiter Jude. In Wahrheit weiß niemand, ob Elias in der Tat Gott gesehen hat. Möglicherweise war es nur der Schatten Gottes, was er sah. In Wahrheit weiß niemand, ob Elias auch wirklich Gott gesehen hat. Gott ist furchtbar, er bricht den Starken in Stücke, den Starken wie den Schwachen, denn jeder gilt ihm gleich. Möglicherweise usw.

Dritter Jude. Gott ist zu keiner Zeit verborgen. Er zeigt sich zu allen Zeiten. Er zeigt sich an allen Orten. Gott ist im schlimmen ebenso wie im guten. Gott ist zu keiner Zeit verborgen. Gott zeigt sich zu allen Zeiten und an allen Orten. Gott ist im guten ebenso wie im bösen...

Vierter Jude (zum dritten). Du solltest das nicht sagen, es ist eine sehr gefährliche Lehre aus Alexandria. Und die Griechen sind Heiden. Niemand kann sagen, wie Gott wirkt, denn Gott ist sehr stark. Er bricht den starken wie den Schwachen in Stücke. Gott ist stark.

Fünfter Jude. Niemand kann sagen wie Gott wirkt, seine Wege sind sehr dunkel. Es kann sein, daß die Dinge, die wir gut nennen, sehr schlimm sind, und die Dinge, die wir schlimm nennen, sehr gut sind, wir wissen von nichts etwas...

Herodias (zu Herodes, heftig). Heiß' sie schweigen, sie langweilen mich.

Herodes. Doch hab' ich davon sprechen hören, Jochanaan sei in Wahrheit euer Prophet Elias.

Erster Jude. Das kann nicht sein. Seit den Tagen des Propheten Elias sind mehr als dreihundert Jahre vergangen.

Erster Nazarener. Mir ist sicher, daß er der Prophet Elias ist.

Erster Jude. Das kann nicht sein. Seit den Tagen des Propheten Elias sind mehr als dreihundert Jahre vergangen...

Zweiter, dritter, vierter und fünfter Jude. Keineswegs, er ist nicht der Prophet Elias.

Herodias. Heiß' sie schweigen!

Stimme des Jochanaan. Siehe, der Tag ist nahe, der Tag des Herrn, und ich höre auf den Bergen die Schritte Dessen, der sein wird der Erlöser der Welt.

Herodes. Was soll das heißen, der Erlöser der Welt?

Erster Nazarener. (emphatisch) Der Messias ist gekommen.

Erster Jude. (schreiend) Der Messias ist nicht gekommen.

Erster Nazarener. Er ist gekommen, und allenthalben tut er Wunder. Bei einer Hochzeit in Galiläa hat er Wasser in Wein verwandelt. Er heilte zwei Aussätzige von Capernaum.

Zweiter Nazarener. Durch bloßes Berühren!

Erster Nazarener. Er hat auch Blinde geheilt. Man hat ihn auf einem Berge im Gespräch mit Engeln gesehn!

Herodias. Oho! Ich glaube nicht an Wunder, ich habe ihrer zu viele gesehn!

Erster Nazarener. Die Tochter des Jairus hat er von den Toten erweckt.

Herodes (erscheckt). Wie, er erweckt die Toten?

Erster und zweiter Nazarener. Jawohl. Er erweckt die Toten.

Herodes. Ich verbiete ihm, das zu tun. Es wäre schrecklich, wenn die Toten wiederkämen! Wo ist der Mann zurzeit?

Erster Nazarener. Herr, er ist überall, aber es ist schwer, ihn zu finden.

Herodes. Der Mann muß gefunden werden.

Zweiter Nazarener. Es heißt, in Samaria weile er jetzt.

Erster Nazarener. Vor ein paar Tagen verließ er Samaria, ich glaube, im Augenblick ist er in der Nähe von Jerusalem.

Herodes. So hört: Ich verbiete ihm, die Toten zu erwecken! Es müßte schrecklich sein, wenn die Toten wiederkämen!

Die Stimme des Jochanaan. O über dieses geile Weib, die Tochter Babylons. So spricht der Herr, unser Gott: Eine Menge Menschen wird sich gegen sie sammeln, und sie werden Steine nehmen und sie steinigen!

Herodias. (wütend) Befiehl ihm, er soll schweigen! Wahrhaftig, es ist schändlich!

Die Stimme des Jochanaan. Die Kriegshauptleute werden sie mit ihren Schwertern durchbohren, sie werden sie mit ihren Schilden zermalmen!

Herodias. Er soll schweigen!

Die Stimme des Jochanaan. Es ist so, daß ich alle Verruchtheit austilgen werde, daß ich alle Weiber lehren werde, nicht auf den Wegen ihrer Greuel zu wandeln!

Herodias. Du hörst, was er gegen mich sagt, du duldest es, daß er die schmähe, die dein Weib ist.

Herodes. Er hat deinen Namen nicht genannt.

Die Stimme des Jochanaan. (sehr feierlich) Es kommt ein Tag, da wird die Sonne finster werden wie ein schwarzes Tuch. Und der Mond wird werden wie Blut, und die Sterne des Himmels werden zur Erde fallen wie unreife Feigen vom Feigenbaum. Es kommt ein Tag, wo die Kön'ge der Erde erzittern.

Herodias. Ha ha! Dieser Prophet schwatzt wie ein Betrunkener... Aber ich kann den Klang seiner Stimme nicht ertragen, ich hasse seine Stimme. Befiehl ihm, er soll schweigen.

Herodes. Tanz für mich, Salome.

Herodias. (heftig) Ich will nicht haben, daß sie tanzt.

Salome. (ruhig) Ich habe keine Lust, zu tanzen, Tetrarch.

Herodes. Salome, Tochter der Herodias, tanz für mich!

Salome. Ich will nicht tanzen, Tetrarch.

Herodias. Du siehst, wie sie dir gehorcht.

Die Stimme des Jochanaan. Er wird auf seinem Throne sitzen, er wird gekleidet sein in Scharlach und Purpur. Und der Engel des Herrn wird ihn darniederschlagen. Er wird von den Würmern gefressen werden.

Herodes. Salome, Salome, tanz für mich, ich bitte dich. Ich bin traurig heute nacht, drum tanz für mich. Salome, tanz für mich! Wenn du für mich tanzest, kannst du von mir begehren, was du willst. Ich werde es dir geben.

Salome. (aufstehend) Willst du mir wirklich alles geben, was ich von dir begehre, Tetrarch?

Herodias. Tanze nicht, meine Tochter!

Herodes. Alles, was du von mir begehren wirst, und wär's die Hälfte meines Königreichs.

Salome. Du schwörst es, Tetrarch?

Herodes. Ich schwör' es, Salome.

Salome. Wobei willst du das beschwören, Tetrarch?

Herodes. Bei meinem Leben, bei meiner Krone, bei meinen Göttern. O Salome, Salome, tanz für mich!

Herodias. Tanze nicht, meine Tochter!

Salome. Du hast einen Eid geschworen, Tetrarch.

Herodes. Ich habe einen Eid geschworen!

Herodias. Meine Tochter, tanze nicht!

Herodes. Und wär's die Hälfte meines Königreichs. Du wirst schön sein als Königin, unermeßlich schön. (Erschauernd) Ah! – es ist kalt hier. Es weht ein eisger Wind und ich höre... Warum höre ich in der Luft dieses Rauschen von Flügeln? Ah! Es ist doch so, als ob ein ungeheurer, schwarzer Vogel über der Terrasse schwebte? Warum kann ich ihn nicht sehn, diesen Vogel? Dieses Rauschen ist schrecklich. Es ist ein schneidender Wind. Aber nein, er ist nicht kalt, er ist heiß. Gießt mir Wasser über die Hände, gebt mir Schnee zu essen, macht mir den Mantel los. Schnell, schnell, macht mir den Mantel los! Doch nein! Laßt ihn! Dieser Kranz drückt mich. Diese Rosen sind wie Feuer. (Er reißt sich das Kranzgewinde ab und wirft es auf den Tisch.) Ah! Jetzt kann ich atmen. Jetzt bin ich glücklich. (Matt) willst du für mich tanzen, Salome?

Herodias. Ich will nicht haben, daß sie tanze!

Salome. Ich will für dich tanzen. (Sklavinnen bringen Salben und die sieben Schleier und nehmen Salome die Sandalen ab.)

Die Stimme des Jochanaan. Wer ist Der, der von Edom kommt, wer ist Der, der von Bosra kommt, dessen Kleid mit Purpur gefärbt ist, der in der Schönheit seiner Gewänder leuchtet, der mächtig in seiner Größe wandelt, warum ist dein Kleid mit Scharlach gefleckt?

Herodias. Wir wollen hineingehn. Die Stimme dieses Menschen macht mich wahnsinnig. (Immer heftiger) Ich will nicht haben, daß meine Tochter tanzt, während er immer dazwischenschreit. Ich will nicht haben, daß sie tanzt, während du sie auf solche Art ansiehst. Mit einem Wort: ich will nicht haben, daß sie tanzt.

Herodes. Steh nicht auf, mein Weib, meine Königin. Es wird dir nichts helfen, ich gehe nicht hinein, bevor sie getanzt hat. Tanze, Salome, tanz für mich!

Herodias. Tanze nicht, meine Tochter!

Salome. Ich bin bereit, Tetrarch.

Salomes Tanz

Die Musikanten beginnen einen wilden Tanz. Salome, zuerst noch bewegungslos, richtet sich hoch auf und gibt den Musikanten ein Zeichen, worauf der wilde Rhythmus sofort abgedämpft wird und in eine sanft wiegende Weise überleitet. Salome tanzt sodann den »Tanz der sieben Schleier«.

Sie scheint einen Augenblick zu ermatten, jetzt rafft sie sich wie neubeschwingt auf. Sie verweilt einen Augenblick in visionärer Haltung an der Zisterne, in der Jochanaan gefangen gehalten wird; dann stürzt sie vor und zu Herodes' Füßen.

Herodes. Ah! Herrlich! Wundervoll, wundervoll! (Zu Herodias) Siehst du, sie hat für mich getanzt, deine Tochter. Komm her, Salome, komm her, du sollst deinen Lohn haben. Ich will dich königlich belohnen. Ich will dir alles geben, was dein Herz begehrt. Was willst du haben? Sprich!

Salome. (süß) Ich möchte, daß sie mir gleich in einer Silberschüssel...

Herodes. (lachend) In einer Silberschüssel – gewiß doch – in einer Silberschüssel ... Sie ist reizend, nicht? Was ist's, das du in einer Silberschüssel haben möchtest, o süße, schöne Salome, du, die schöner ist als alle Töchter Judäas? Was sollen sie dir in einer Silberschüssel bringen? Sag es mir! Was es auch sein mag, du sollst es erhalten. Meine Reichtümer gehören dir. Was ist es, das du haben möchtest, Salome?

Salome (steht auf, lächelnd). Den Kopf des Jochanaan.

Herodes (fährt auf). Nein, nein!

Herodias. Ah! Das sagst du gut, meine Tochter. Das sagst du gut!

Herodes Nein, nein, Salome; das ist es nicht, was du begehrst! Hör'nicht auf die Stimme deiner Mutter. Sie gab dir immer schlechten Rat. Achte nicht auf sie.

Salome. Ich achte nicht auf die Stimme meiner Mutter. Zu meiner eignen Lust will ich den Kopf des Jochanaan in einer Silberschüssel haben. Du hast einen Eid geschworen, Herodes. Du hast einen Eid geschworen, vergiß das nicht!

Herodes. (hastig) Ich weiß, ich habe einen Eid geschworen. Ich weiß es wohl. Bei meinen Göttern habe ich es geschworen. Aber ich beschwöre dich, Salome, verlange etwas andres von mir. Verlange die Hälfte meines Königreichs. Ich will sie dir geben. Aber verlange nicht von mir, was deine Lippen verlangten.

Salome. (stark) Ich verlange von dir den Kopf des Jochanaan!

Herodes. Nein, nein, ich will ihn dir nicht geben.

Salome. Du hast einen Eid geschworen, Herodes.

Herodias. Ja, du hast einen Eid geschworen. Alle haben es gehört.

Herodes. Still, Weib, zu dir spreche ich nicht.

Herodias. Meine Tochter hat recht daran getan, den Kopf des Jochanaan zu verlangen. Er hat mich mit Schimpf und Schande bedeckt. Man kann sehn, daß sie ihre Mutter liebt. Gib nicht nach, meine Tochter, gib nicht nach! Er hat einen Eid geschworen.

Herodes. Still, sprich nicht zu mir! Salome, ich beschwöre dich: sei nicht trotzig! Sieh, ich habe dich immer lieb gehabt. Kann sein, ich habe dich zu lieb gehabt. Darum verlange das nicht von mir. Der Kopf eines Mannes, der vom Rumpf getrennt ist, ist ein übler Anblick. Hör', was ich sage! Ich habe einen Smaragd. Er ist der schönste Smaragd der ganzen Welt. Den willst du haben, nicht wahr? Verlang' ihn von mir, ich will ihn dir geben, den schönsten Smaragd.

Salome. Ich fordre den Kopf des Jochanaan!

Herodes. Du hörst nicht zu, du hörst nicht zu. Laß mich zu dir reden, Salome!

Salome. Den Kopf des Jochanaan.

Herodes. Das sagst du nur, um mich zu quälen, weil ich dich so angeschaut habe. Deine Schönheit hat mich verwirrt. Oh! Oh! Bringt Wein! Mich dürstet! Salome, Salome, laß uns wie Freunde zu einander sein! Bedenk' dich! Ah! Was wollt ich sagen? Was war's?...Ah! Ich weiß es wieder!...Salome, du kennst meine weißen Pfauen, meine schönen weißen Pfauen, die im Garten zwischen den Myrten wandeln. ...Ich will sie dir alle, alle geben. In der ganzen Welt lebt kein König, der solche Pfauen hat. Ich habe bloß hundert. Aber alle will ich dir geben. (Er leert seinen Becher.)

Salome. Gib mir den Kopf des Jochanaan!

Herodias. Gut gesagt, meine Tochter! (Zu Herodes) Und du, du bist lächerlich mit deinen Pfauen.

Herodes. Still, Weib! Du kreischest wie ein Raubvogel. Deine Stimme peinigt mich. Still sag' ich dir! Salome, bedenk, was du tun willst. Es kann sein, daß der Mann von Gott gesandt ist. Er ist ein heil'ger Mann. Der Finger Gottes hat ihn berührt. Du möchtest nicht, daß mich ein Unheil trifft, Salome? Hör' jetzt auf mich!

Salome. Ich will den Kopf des Jochanaan!

Herodes. (auffahrend). Ach! Du willst nicht auf mich hören. Sei ruhig, Salome. Ich, siehst du, bin ruhig. Höre: (leise und heimlich) Ich habe an diesem Ort Juwelen versteckt, Juwelen, die selbst deine Mutter nie gesehen hat. Ich habe ein Halsband mit vier Reihen Perlen, Topase, gelb wie die Augen der Tiger. Topase, hellrot wie die Augen der Waldtaube, und grüne Topase, wie Katzenaugen. Ich habe Opale, die immer funkeln, mit einem Feuer, kalt wie Eis. Ich will sie dir alle geben, alle! (Immer aufgeregter) Ich habe Chrysolithe und Berylle, Chrysoprase und Rubine. Ich habe Sardonyx- und Hyazinthsteine und Steine von Chalcedon. – Ich will sie dir alle geben, alle und noch andere Dinge. Ich habe einen Kristall, in den zu schaun keinem Weibe vergönnt ist. In einem Perlmutterkästchen habe ich drei wunderbare Türkise: wer sie an seiner Stirne trägt, kann Dinge sehn, die nicht wirklich sind. Es sind unbezahlbare Schätze. Was begehrst du sonst noch, Salome? Alles, was du verlangst, will ich dir geben – nur eines nicht: Nur nicht das Leben dieses einen Mannes. Ich will dir den Mantel des Hohenpriesters geben. Ich will dir den Vorhang des Allerheiligsten geben...

Die Juden. Oh, oh, oh!

Salome. (wild) Gib mir den Kopf des Jochanaan!

(Herodes sinkt verzweifelt auf seinen Sitz zurück.)

Herodes. (matt) Man soll ihr geben, was sie verlangt! Sie ist in Wahrheit ihrer Mutter Kind! (Herodias zieht dem Tetrarchen den Todesring vom Finger und gibt ihn dem ersten Soldaten, der ihn auf der Stelle dem Henker überbringt.)

Herodes. Wer hat meinen Ring genommen?

(Der Henker geht in die Zisterne hinab.)

Ich hatte einen Ring an meiner rechten Hand. Wer hat meinen Wein getrunken? Es war Wein in meinem Becher. Er war mit Wein gefüllt. Es hat ihn jemand ausgetrunken. (Leise) Gewiß wird Unheil über einen kommen.

Herodias. Meine Tochter hat recht getan!

Herodes. Ich bin sicher, es wird ein Unheil geschehn.

Salome. (an der Zisterne lauschend) Es ist kein Laut zu vernehmen. Ich höre nichts. Warum schreit er nicht, der Mann? Ah! Wenn einer mich zu töten käme, ich würde schreien, ich würde mich wehren, ich würde es nicht dulden!... Schlag zu, schlag zu, Naaman, schlag zu, sag ich dir ... Nein, ich höre nichts. (Gedehnt) Es ist eine schreckliche Stille! Ah! Es ist etwas zu Boden gefallen. Ich hörte etwas fallen. Es war das Schwert bes Henkers. Er hat Angst, dieser Sklave. Er hat das Schwert fallen lassen! Er traut sich nicht, ihn zu töten. Er ist eine Memme, dieser Sklave. Schickt Soldaten hin! (Zum Pagen) Komm hierher, du warst der Freund dieses Toten, nicht? Wohlan, ich sage dir: Es sind noch nicht genug Tote. Geh zu den Soldaten und befiehl ihnen, hinabzusteigen und mir zu holen, was ich verlange, was der Tetrarch mir versprochen hat, was mein ist!

Der Page weicht zurück, sie wendet sich den Soldaten zu.)

Hierher, ihr Soldaten, geht ihr in die Zisterne hinunter und holt mir den Kopf des Mannes! (Schreiend) Tetrarch, Tetrarch, befiehl beinen Soldaten, daß sie mir den Kopf des Jochanaan holen!

(Ein riesengroßer schwarzer Arm, der Arm des Henkers, streckt sich aus der Cisterne heraus, auf einem silbernen Schild den Kopf des Jochanaan haltend, Salome ergreift ihn. Herodes verhüllt sein Gesicht mit dem Mantel. Herodias fächelt sich zu und lächelt. Die Nazarener sinken in die Knie und beginnen zu beten.)

Salome. Ah! Du wolltest mich nicht deinen Mund küssen lassen, Jochanaan! Wohl, ich werde ihn jetzt küssen! Ich will mit meinen Zähnen hineinbeißen, wie man in eine reife Frucht beißen mag. Ja, ich will ihn jetzt küssen, deinen Mund, Jochanaan. Ich hab' es gesagt. Hab' ich's nicht gesagt? Ja, ich hab' es gesagt. Ah! Ah! Ich will ihn jetzt küssen... Aber warum siehst du mich nicht an, Jochanaan? Deine Augen, die so schrecklich waren, so voller Wut und Verachtung, sind jetzt geschlossen. Warum sind sie geschlossen? Öffne doch die Augen, erhebe deine Lider, Jochanaan! Warum siehst du mich nicht an? Hast du Angst vor mir, Jochanaan, daß du mich nicht ansehen willst? Und deine Zunge, sie spricht kein Wort, Jochanaan, diese Scharlachnatter, die ihren Geifer gegen mich spie. Es ist seltsam, nicht? Wie kommt es, daß diese rote Natter sich nicht mehr rührt? Du sprachst böse Worte gegen mich, gegen mich, Salome, die Tochter der Herodias, Prinzessin von Judäa. Nun wohl! Ich lebe noch, aber du bist tot, und dein Kopf, dein Kopf gehört mir! Ich kann mit ihm tun, was ich will. Ich kann ihn den Hunden vorwerfen und den Vögeln der Luft. Was die Hunde übrig lassen, sollen die Vögel der Luft verzehren ... Ah! Ah! Jochanaan, Jochanaan, du warst schön. Dein Leib war eine Elfenbeinsäule auf silbernen Füßen. Er war ein Garten voller Tauben in der Silberlilien Glanz. Nichts in der Welt war so weiß wie dein Leib. Nichts in der Welt war so schwarz wie dein Haar. In der ganzen Welt war nichts so rot wie dein Mund. Deine Stimme war ein Weihrauchgefäß, und wenn ich dich ansah, hörte ich geheimnisvolle Musik...

(In den Anblick von Jochanaans Haupt versunken.)

Ah! warum hast du mich nicht angesehen, Jochanaan? Du legtest über deine Augen die Binde eines, der seinen Gott schauen wollte. Wohl! Du hast deinen Gott gesehn, Jochanaan, aber mich, mich hast du nie gesehn. Hättest du mich gesehn, du hättest mich geliebt! Ich dürste nach deiner Schönheit. Ich hungre nach deinem Leib. Nicht Wein noch Apfel können mein Verlangen stillen ... Was soll ich jetzt tun, Jochanaan? Nicht die Fluten, noch die großen Wasser können dieses brünstige Begehren löschen ... Oh! Warum sahst du mich nicht an? Hättest du mich angesehn, du hättest mich geliebt. Ich weiß es wohl, du hättest mich geliebt. Und das Geheimnis der Liebe ist größer als das Geheimnis des Todes...

Herodes (leise zu Herodias). Sie ist ein Ungeheuer, deine Tochter. Ich sage dir, sie ist ein Ungeheuer!

Herodias (stark) Sie hat recht getan. Ich möchte jetzt hier bleiben.

Herodes (steht auf) Ah! Da spricht meines Bruders Weib! (Schwächer) Komm, ich will nicht an diesem Orte bleiben. (Heftig)Komm, sag' ich dir! Sicher, es wird Schreckliches geschehn. Wir wollen uns im Palast verbergen, Herodias, ich fange an zu erzittern...

(Der Mond verschwindet.)

(Auffahrend) Manassah, Issachar, Ozias, löscht die Fackeln aus. Verbergt den Mond, verbergt die Sterne! Es wird Schreckliches geschehn.

(Die Sklaven löschen die Fackeln aus. Die Sterne verschwinden. Eine große Wolke zieht über den Mond und verhüllt ihn völlig. Die Bühne wird ganz dunkel. Der Tetrarch beginnt die Treppe hinaufzusteigen.)

Salome (matt). Ah! Ich habe deinen Mund geküßt, Jochanaan. Ah! Ich habe ihn geküßt deinen Mund, es war ein bitterer Geschmack auf deinen Lippen. Hat es nach Blut geschmeckt? Nein! Doch es schmeckte vielleicht nach Liebe ... Sie sagen, daß die Liebe bitter schmecke ... Allein, was tut's? Was tut's? Ich habe deinen Mund geküßt, Jochanaan. Ich habe ihn geküßt, deinen Mund.

(Der Mond bricht wieder hervor und beleuchtet Salome.)

Herodes (sich umwendend). Man töte dieses Weib!

(Die Soldaten stürzen sich auf Salome und begraben sie unter ihren Schilden.)

Der Vorhang fällt schnell.

Ende.

De Profundis

I. M. Gefängnis Reading

Lieber Bosie!

Nach langem, fruchtlosem Warten habe ich beschlossen, selbst an Dich zu schreiben, ebensosehr in Deinem wie in meinem Interesse; denn der Gedanke widerstrebt mir, daß ich zwei lange Gefängnisjahre durchgemacht haben soll, ohne jemals eine einzige Zeile von Dir empfangen zu haben oder eine Nachricht oder auch nur einen Gruß, außer solchen, die mich schmerzten.

Unsre unselige, höchst beklagenswerte Freundschaft hat für mich mit Verderben und öffentlicher Schande geendet. Doch die Erinnrung an unsre frühere Zuneigung verläßt mich selten, und der Gedanke, daß Abscheu, Verbitterung und Verachtung für immer den Platz in meinem Herzen einnehmen könnten, den Liebe vordem innehatte, ist sehr traurig für mich; und Du selbst wirst wohl im Herzen fühlen, daß es besser ist, an mich, der ich in der Einsamkeit des Gefängnislebens liege, zu schreiben, als ohne meine Genehmigung Briefe von mir zu veröffentlichen oder, ohne mich zu fragen, mir Gedichte zu widmen, mag auch die Welt nichts erfahren von Worten des Kummers oder der Leidenschaft, der Gewissensbisse oder der Gleichgültigkeit, die es Dir als Antwort oder Rechtfertigung zu schicken beliebt.

Zweifellos wird in diesem Brief, den ich über Dein und mein Leben zu schreiben habe, über die Vergangenheit und die Zukunft, über Süßes, das sich in Bitterkeit gewandelt, und über Bittres, das vielleicht zur Freude werden kann, vieles stehn, was Deine Eitelkeit bis aufs Blut verletzt. Sollte dem so sein, dann lies den Brief immer wieder, bis er Deine Eitelkeit ertötet. Wenn Du darin etwas findest, das Dich Deinem Gefühl nach zu Unrecht beschuldigt, so vergiß nicht: man soll dankbar dafür sein, daß es Fehler gibt, deren man zu Unrecht beschuldigt werden kann. Wenn eine einzige Stelle darin vorkommt, die Tränen Dir in die Augen treibt, dann weine, wie wir im Gefängnis weinen, wo der Tag, nicht minder als die Nacht, Tränen aufgespart ist. Es ist das einzige, was Dich retten kann. Wenn Du zu Deiner Mutter gehst und Dich beklagst, wie damals, über die Verachtung, die ich in meinem Brief an Robbie gegen Dich äußerte, damit sie Dir schmeichle und Dich wieder in Selbstgefälligkeit und Überhebung einlulle, so bist Du völlig verloren. Wenn Du Eine Ausrede für Dich findest, wirst Du bald hundert finden und ganz das sein, was Du vorher warst. Behauptest Du noch, wie Du es in Deiner Antwort an Robbie tatest, ich schriebe Dir »unwürdige Motive« zu? Ach, Du hattest keine Motive im Leben. Du hattest nur Gelüste. Ein Motiv ist ein geistiges Ziel. Behauptest Du noch, Du seist »sehr jung« gewesen, als unsre Freundschaft begann? Dein Gebrechen war nicht, daß Du so wenig, sondern daß Du so viel vom Leben wußtest. Die Morgenröte der Knabenzeit mit ihrem zarten Flaum, ihrem klaren, reinen Licht, ihrer unschuldigen, erwartungsvollen Freude hattest Du weit hinter Dir gelassen. Sehr geschwinden, laufenden Fußes warst Du von der Romantik zum Realismus gelangt. Die Gosse und was darin lebt hatten Dich zu fesseln begonnen. Daraus ging die Unannehmlichkeit hervor, in der Du Hilfe bei mir suchtest, und ich ließ sie Dir, unklugerweise nach dem, was dieser Welt als Klugheit gilt, aus Mitleid und Güte zuteil werden. Du mußt diesen Brief von A bis Z durchlesen, mag jedes Wort auch für Dich zum Feuer oder zum Messer des Wundarztes werden, so daß das zarte Fleisch brennt oder blutet. Bedenke: der Tor in den Augen der Götter und der Tor in Menschenaugen sind etwas ganz andres. Wer gar nichts von den Formen offenbarter Kunst, von der Entwicklung fortschrittlichen Denkens, von dem Gepränge des lateinischen Verses, von der klangvolleren Musik des vokalreichen Griechisch, von toskanischer Skulptur und elisabethanischer Lyrik weiß, kann doch der allerholdesten Klugheit voll sein. Der wahre Tor, den die Götter verspotten oder verderben, ist der, welcher sich selbst nicht kennt. Ich war ein solcher zu lange. Du warst ein solcher zu lange. Sei es nicht mehr! Fürchte Dich nicht! Das höchste Laster ist Seichtheit. Alles, was zum Bewußtsein kommt, ist richtig. Denke auch daran, daß alles, was Dich zu lesen betrübt, mich ärger betrübt niederzuschreiben. Gegen Dich sind die unsichtbaren Mächte sehr gut gewesen. Sie haben Dich die seltsamen, tragischen Gestalten des Lebens sehn lassen, wie man Schatten im Glase sieht. Das Haupt der Meduse, das lebendige Menschen in Stein verwandelt, war Dir vergönnt, bloß im Spiegel zu schaun. Du selbst bist frei zwischen Blumen dahingeschritten. Mir ist die schöne Welt der Farbe und der Bewegung genommen.

Ich will damit anfangen, Dir zu sagen, daß ich mir schreckliche Vorwürfe mache. Während ich hier in der dunklen Zelle in Sträflingskleidung sitze, ein entehrter, vernichteter Mann, mache ich mir Vorwürfe. In den qualvollen Nächten mit ihren Angstanfällen, in den langen, eintönigen Tagen mache ich mir selbst Vorwürfe. Ich mache mir Vorwürfe, daß ich eine ungeistige Freundschaft, eine Freundschaft, deren ursprünglicher Zweck es nicht war, Schönes zu schaffen und zu schaun, mein Leben völlig beherrschen ließ. Von Anbeginn war eine zu weite Kluft zwischen uns. Du bist in der Schule faul gewesen, schlimmer als faul auf der Universität. Es kam Dir nicht zum Bewußtsein, daß ein Künstler, zumal einer wie ich, will sagen: einer, bei dem der Wert der Arbeit von der innern Kraft der Persönlichkeit abhängt, zur Entfaltung seiner Kunst den Umgang mit Ideen, ein geistiges Milieu, Ruhe, Frieden und Einsamkeit nötig hat. Du bewundertest meine Arbeiten, wenn sie fertig waren; Du ergötztest Dich an den glänzenden Erfolgen meiner Premierenabende und den glänzenden Festessen hernach; Du warst stolz darauf, ganz natürlicherweise, der intime Freund eines so hervorragenden Künstlers zu sein. Aber Du konntest die zum Schaffen künstlerischer Werke erforderlichen Bedingungen nicht verstehn. Ich spreche nicht in rhetorisch übertriebenen Phrasen, sondern in durchaus wahren, auf reinen Tatsachen beruhenden Worten, wenn ich Dir zu Gemüte führe, daß ich während der ganzen Zeit, die wir zusammen waren, nie eine einzige Zeile geschrieben habe. Ob in Torquay, Goring, London, Florenz oder sonstwo, mein Leben ist, solange Du an meiner Seite warst, völlig unfruchtbar und unschöpferisch gewesen. Und mit nur wenigen Unterbrechungen warst Du leider immer an meiner Seite.

Ich erinnre mich zum Beispiel: im September 1895, um nur einen Fall von vielen herauszugreifen, mietete ich mehrere möblierte Zimmer, lediglich um ungestört zu arbeiten; ich hatte nämlich meinen Kontrakt mit John Hare gebrochen, dem ich ein Theaterstück zugesagt hatte und der auf schleunige Erledigung drängte. Während der ersten Woche ließest Du Dich nicht blicken. Wir hatten uns, nur zu natürlich, über den künstlerischen Wert Deiner Übersetzung der »Salome« gestritten. Du begnügtest Dich deshalb damit, mir törichte Briefe in der Angelegenheit zu senden. In dieser Woche schrieb und vollendete ich bis ins kleinste den ersten Akt des »Idealen Gatten«, so wie er schließlich aufgeführt wurde. In der zweiten Woche kamst Du wieder, und mit meiner Arbeit war es tatsächlich aus. Ich begab mich jeden Vormittag um ½ 12 nach St. James's Place, um Gelegenheit zum Nachdenken und Schreiben zu haben ohne die von meinem Haushalt unzertrennliche Störung, so still und friedlich dieser auch war. Aber der Versuch war nutzlos. Um 12 Uhr kamst Du angefahren und bliebst, Zigaretten rauchend und plaudernd, bis ½2 Uhr; dann mußte ich Dich zum Lunch ins Cafe Royal oder ins Berkeley mitnehmen. Das Lunch mit seinen Schnäpsen dauerte gewöhnlich bis ¼4 Uhr. Auf eine Stunde zogst Du Dich in White's Club zurück. Zur Teezeit erschienst Du wieder und bliebst, bis es Zeit war, sich zum Diner umzuziehn. Du speistest mit mir, entweder im Savoy oder in Tite-Street. Wir trennten uns in der Regel erst nach Mitternacht, da ein Souper bei Willis den berauschenden Tag zum Abschluß bringen mußte. Das war mein Leben während jener drei Monate, jeden einzigen Tag, mit Ausnahme der vier Tage, die Du verreist warst. Ich mußte dann selbstverständlich nach Calais hinüberfahren und Dich zurückholen. Für einen Menschen meines Schlags und meines Temperaments war es eine gleichermaßen groteske und tragische Lage.

Du mußt das jetzt gewiß begreifen. Du mußt jetzt einsehn, daß Dein Unvermögen, allein zu sein, Dein begehrliches Wesen, das an die Rücksicht und die Zeit der andern beständig Forderungen stellte, Deine Unfähigkeit zu anhaltender geistiger Konzentration, der unglückliche Zufall – denn ich möchte nicht gern es für mehr nehmen –, daß Du noch nicht imstande gewesen, Dir »Oxforder Sinnesart« in geistigen Dingen anzueignen, ich meine: nie ein Mensch gewesen bist, der mit Ideen anmutig spielen konnte, sondern bloß zu ungestümen Ansichten gelangt war – daß all das im Verein mit der Tatsache, daß Deine Wünsche und Interessen dem Leben, nicht der Kunst galten, für Deinen eignen Bildungsfortschritt ebenso schädlich war wie für meine künstlerische Arbeit. Wenn ich meine Freundschaft mit Dir der Freundschaft mit noch Jüngern Männern, wie John Gray und Pierre Louys, vergleich«, schäme ich mich. Mein wahres Leben, mein höheres Leben gehörte ihnen und ihresgleichen.

Von den grauenhaften Folgen meiner Freundschaft mit Dir spreche ich jetzt nicht. Ich denke bloß an ihr Wesen, solange sie währte. Sie war geistig entwürdigend für mich. Ansätze eines künstlerischen Temperaments im Keimen fanden sich bei Dir. Aber ich bin Dir entweder zu spät oder zu früh begegnet – ich weiß nicht, welches von beiden. Wenn Du weg warst, war alles in bester Ordnung mit mir. In dem Augenblick, Anfang Dezember des Jahres, auf das ich vorhin anspielte, als es mir gelungen war, Deine Mutter zu bestimmen, Dich aus England fortzuschicken, sammelte ich wieder das zerrissene, verwirrte Netz meiner Phantasie, bekam wieder Gewalt über mein Leben und beendete nicht nur die übrigen drei Akte des »Idealen Gatten«, sondern ersann auch zwei andre Stücke von gänzlich verschiedener Grundform: die »Florentinische Tragödie« und »La Sainte Courtisane«, und hatte sie fast vollendet. Da plötzlich kamst Du unaufgefordert, unwillkommen, unter Umständen, die für mein Glück verhängnisvoll waren, nach Hause. Die beiden damals noch unvollendeten Werke vermochte ich nicht wieder aufzunehmen. Die Stimmung, aus der sie geflossen waren, konnte ich nie wiedererlangen. Du wirst jetzt, nachdem Du selbst einen Gedichtband veröffentlicht hast, imstande sein, die Wahrheit alles dessen, was ich hier gesagt habe, zu erkennen. Ob Du es kannst oder nicht: es bleibt als gräßliche Wahrheit im tiefsten Herzen unsrer Freundschaft. Solange Du bei mir warst, warst Du der vollkommne Verderb meiner Kunst; und darüber, daß ich Dich beständig zwischen der Kunst und mir stehn ließ, empfinde ich Scham und Gram in vollstem Maße. Du konntest nicht wissen, konntest nicht verstehn, konntest nicht würdigen. Ich hatte kein Recht, es überhaupt von Dir zu erwarten. Deine Interessen galten lediglich Deinem Gaumen und Deinen Launen. Deine Wünsche richteten sich einfach auf Vergnügungen, auf gewöhnliche oder minder gewöhnliche Freuden. Die brauchte oder dachte Dein Temperament im Augenblick zu brauchen. Ich hätte Dir mein Haus und meine Arbeitsräume verbieten sollen, außer wenn ich Dich besonders einlud. Ich mache mir ob meiner Schwäche rückhaltlose Vorwürfe. Es war nur Schwäche. Eine einzige halbe Stunde in der Gesellschaft der Kunst bedeutete für mich stets mehr als ein Zyklus in Deiner Gesellschaft. Nichts war wirklich zu irgendeiner Zeit meines Lebens jemals von der geringsten Bedeutung für mich neben der Kunst. Aber beim Künstler kommt Schwäche einem Verbrechen gleich, wenn es eine Schwäche ist, welche die Phantasie lähmt.

Ich mache mir Vorwürfe, daß ich Dich meinen völligen, schimpflichen finanziellen Zusammenbruch herbeiführen ließ. Ich erinnre mich eines Vormittags Anfang Oktober 1892, als ich in den vergilbenden Wäldern zu Bracknell bei Deiner Mutter saß. Damals wußte ich noch sehr wenig von Deiner wahren Natur. Ich hatte mich von einem Sonnabend bis Montag bei Dir in Oxford aufgehalten. Du warst zehn Tage bei mir in Cromer gewesen und hattest Golf gespielt. Die Unterhaltung kam auf Dich, und Deine Mutter begann, über Deinen Charakter mit mir zu sprechen. Sie erzählte mir von Deinen beiden Hauptfehlern: Deiner Eitelkeit und davon, daß Du, wie sie es ausdrückte, keine Ahnung vom Geld hättest. Ich entsinne mich genau, wie ich lachte. Ich ließ mir nicht träumen, daß die erste Eigenschaft mich ins Gefängnis, die zweite zum Bankrott bringen werde. Ich hielt Eitelkeit für eine Art anmutiger Blume, die ein junger Mensch trägt; was Verschwendungssucht betrifft – denn ich dachte, Deine Mutter meine nicht mehr als Verschwendung –, so lagen die Tugenden der Bedachtsamkeit und Sparsamkeit meinem eignen Wesen und meinem Stamme fern. Aber eh' unsre Freundschaft vier Wochen älter war, sah ich langsam, was Deine Mutter wirklich meinte. Dein Beharren auf einem Leben rücksichtslosen Vergeudens, Deine unablässigen Geldforderungen, Dein Anspruch, ich solle für alle Deine Vergnügungen zahlen, ob ich bei Dir war oder nicht, brachten mich nach einiger Zeit in ernste Geldschwierigkeiten; und was die Ausschweifung, für mich wenigstens, so einförmig uninteressant machte, während Dein beharrlicher Eingriff in mein Leben immer stärker wurde, war, daß das Geld wirklich für kaum etwas andres ausgegeben wurde als für die Freuden des Essens, Trinkens und dergleichen. Dann und wann ist's eine Lust, seinen Tisch mit Wein und Rosen rot zu haben; doch Du gingst über allen Geschmack und alle Mäßigkeit hinaus. Du fordertest ohne Höflichkeit und empfingst ohne Dank. Du dachtest allmählich, Du hättest eine Art Recht, auf meine Kosten und in einer üppigen Schwelgerei zu leben, an die Du durchaus nicht gewöhnt warst und die aus diesem Grunde Deine Begierden immer heftiger werden ließ; und zuletzt, wenn Du beim Spiel in einem Kasino in Algier Geld verlorst, telegraphiertest Du mir einfach nach London am nächsten Morgen, ich möchte den Betrag Deines Verlustes Deinem Bankguthaben überweisen, und dachtest an die Sache ganz und gar nicht mehr.

Wenn ich Dir sage, daß ich vom Herbst 1892 bis zum Zeitpunkt meiner Gefangenschaft mit Dir und für Dich mehr als 5000 Pfund in barem Gelde verausgabte, abgesehn von Schulden, die ich machte, so wirst Du eine Vorstellung von der Art Leben bekommen, die Du durchaus führen wolltest. Glaubst Du, ich übertreibe? Meine gewöhnlichen Ausgaben mit Dir für einen gewöhnlichen Tag in London – für Mittag-, Abendessen, Nachtmahl, Vergnügungen, Droschken und das übrige – schwankten zwischen 12 und 20 Pfund, und die wöchentlichen Ausgaben waren natürlich dementsprechend und schwankten zwischen 80-130 Pfund. Während unsers Vierteljahrs in Goring betrugen meine Ausgaben (die Miete selbstverständlich mitgerechnet) 1340 Pfund. Schritt für Schritt mußte ich mit dem Konkursverwalter jeden Posten meines Lebens durchgehn. Es war greulich. »Einfache Lebensweise und hoher Gedankenflug« war allerdings ein Ideal, das Du damals nicht hättest würdigen können, aber eine solche Verschwendung war eine Schande für uns beide. Eines der entzückendsten Essen, an die ich mich erinnre, hatten Robbie und ich zusammen in einem kleinen Café in Soho es kostete ungefähr so viel Schilling wie die Essen, die ich Dir gab, gewöhnlich Pfund kosteten. Bei diesem Essen mit Robbie entstand der erste und allerbeste meiner Dialoge. Idee, Titel, Behandlung, Form, alles wurde bei einem Menü zu 3 Francs 50 c. entworfen. Von den leichtsinnigen Schmausen mit Dir bleibt nichts zurück als die Erinnrung, daß zu viel gegessen und zu viel getrunken wurde. Und daß ich mich Deinem Begehren fügte, war schlecht für Dich. Du weißt das jetzt. Es hat Dich oft anspruchsvoll gemacht; manchmal recht rücksichtslos; immer ungnädig. Bei allzuvielen Gelegenheiten war es eine zu geringe Freude oder Ehre, Dich zu bewirten. Du vergaßest – ich will nicht sagen: die formelle Höflichkeit zu danken, denn formelle Höflichkeiten zerren an einer engen Freundschaft –, sondern einfach die Anmut lieber Gesellschaft, den Zauber angenehmer Unterhaltung, jenes τερπνὸν καλόν, wie die Griechen es nannten, und all die sanften Menschlichkeiten, die das Leben liebenswert machen und eine Begleitung dazu sind, die, ähnlich wie die Musik, keine Verstimmung aufkommen läßt und die mißtönenden oder stummen Stellen mit Melodie erfüllt. Und wenn es Dir auch seltsam erscheinen mag, daß jemand in der schrecklichen Lage, in der ich mich befinde, zwischen einer Schande und der andern einen Unterschied macht, so bekenne ich doch unumwunden, daß die Torheit, all das Geld für Dich wegzuwerfen und Dich mein Vermögen zu Deinem Schaden ebenso wie zu meinem verschleudern zu lassen, mir und in meinen Augen meinem Bankrott eine Note gemeiner Liederlichkeit gibt, deren ich mich doppelt schäme. Ich war zu andern Dingen geschaffen.

Am allermeisten jedoch mache ich mir Vorwürfe, daß ich Dich meine völlige ethische Erniedrigung über mich bringen ließ. Die Grundlage des Charakters ist Willenskraft, und meine Willenskraft wurde durchaus der Deinen Untertan. Das klingt grotesk, ist aber trotzdem wahr. Diese unaufhörlichen Szenen, die für Dich gradezu ein physisches Bedürfnis zu sein schienen, worin Geist und Körper sich bei Dir verzerrten und Du ebenso schrecklich anzusehn wie anzuhören wurdest; diese gräßliche Manie, die Du von Deinem Vater geerbt hast: die Manie, empörende, widerwärtige Briefe zu schreiben; der gänzliche Mangel, Deine Gefühlsregungen zu beherrschen, wie er in langen Verstimmungen mürrischen Schweigens von Dir nicht minder zur Schau gestellt wurde als in den plötzlichen Ausbrüchen einer fast epileptischen Wut – alle diese Dinge, worüber einer meiner Briefe an Dich, den Du im Savoy oder sonst einem Hotel herumliegen ließest, so daß er vom Anwalt Deines Vaters dem Gericht vorgelegt wurde, eine von Pathos nicht freie Beschwörung enthielt, wärst Du damals imstande gewesen, Pathos in seinem Grundwesen oder seinen Äußerungen zu erkennen – diese Dinge, sage ich, waren der Ursprung und die Veranlassung, daß ich Dir in Deinen täglich wachsenden Ansprüchen so verhängnisvoll nachgab. Du hast einen abgenutzt! Es war der Triumph der kleinern über die größere Natur. Es war ein Fall von jener Tyrannei der Schwachen über die Starken, die ich irgendwo in einem meiner Stücke als »die einzige Tyrannei von Dauer« bezeichne.

Und sie war unausbleiblich. In jedem Verhältnis des Zusammenlebens muß man ein moyen de vivre finden. In Deinem Falle mußte man entweder Dir nachgeben oder Dich aufgeben. Es blieb keine andre Wahl. Aus tiefer, wiewohl übel angebrachter Zuneigung zu Dir; aus großem Mitleid mit den Gebrechen Deiner Natur und Deines Naturells; aus meiner eignen sprichwörtlichen Gutmütigkeit und keltischen Trägheit heraus; aus künstlerischer Abneigung gegen rohe Auftritte und häßliche Worte; aus der für mich damals bezeichnenden Unfähigkeit heraus, einem etwas nachzutragen; aus Widerwillen, das Leben bitter und unschön gestaltet zu sehn durch das, was mir, der seine Augen wirklich auf andre Dinge gerichtet hatte, bloße Lappalien, zu geringfügig für mehr als momentanes Nachdenken oder Interesse, schien – aus diesen Gründen, so einfach sie klingen mögen, gab ich Dir immer nach. Als natürliche Folge wuchsen Deine Ansprüche, Dein Herrschbestreben, Deine erpresserischen Forderungen immer unvernünftiger an. Dein schäbigster Beweggrund, Dein niedrigstes Gelüst, Deine gemeinste Leidenschaft wurden für Dich Gesetze, von denen sich das Leben andrer Menschen jederzeit sollte lenken lassen und denen sie, wenn nötig, skrupellos geopfert werden sollten. Da Dir bekannt, daß Du bloß eine Szene zu machen brauchtest, um Deinen Willen stets durchzusetzen, war es nur natürlich, daß Du – fast unbewußt, wie ich nicht zweifle – die ordinäre Gewalttätigkeit bis zum Übermaß steigertest. Schließlich wußtest Du nicht, zu welchem Ziel Du eiltest oder welcher Zweck Dir vorschwebte. Nachdem ich Dich aus meinem Genius, meiner Willenskraft und meinem Vermögen erschaffen hatte, verlangtest Du in der Blindheit unersättlicher Gier mein gesamtes Sein. Du nahmst es. In dem einen zu allerhöchst und in tragischer Weise kritischen Augenblick meines ganzen Lebens, just bevor ich den beklagenswerten Schritt unternahm, meinen albernen Prozeß einzuleiten, griff auf der einen Seite Dein Vater mich mit scheußlichen Karten an, die er in meinem Klub abgab, griffst Du auf der andern Seite mich mit nicht minder widerwärtigen Briefen an. Der Brief, den ich von Dir am Morgen des Tages bekam, als ich mich von Dir zur Polizeiwache schleppen ließ, um den lächerlichen Haftbefehl gegen Deinen Vater zu beantragen, war einer der schlimmsten, die Du je geschrieben hast, und zwar aus dem schändlichsten Grunde. Zwischen euch beiden hatte ich den Kopf verloren. Mein Urteil verließ mich. Furcht nahm seine Stelle ein. Ich sah keine Möglichkeit des Entrinnens, wie ich offen sagen will, vor euch beiden. Blind schwankte ich dahin wie der Ochs zum Schlachthaus. Ich hatte einen riesenhaften psychologischen Irrtum begangen. Ich hatte immer gedacht, es habe nichts zu bedeuten, daß ich Dir in Kleinigkeiten nachgab; ich selbst könnte, wenn ein großer Augenblick käme, meine Willenskraft in ihrer natürlichen Überlegenheit wieder geltend machen. Es war nicht so. In dem großen Augenblick versagte meine Willenskraft vollständig. Im Leben gibt es tatsächlich nichts Großes oder Kleines. Alles ist von gleichem Wert und gleicher Größe. Meine Gewohnheit – im Anfang hauptsächlich eine Folge von Gleichgültigkeit –, Dir in allem nachzugeben, war unmerklich ein wesentlicher Teil von mir geworden. Ohne daß ich es wußte, hatte sie mein Temperament zu einer ständigen, unheilvollen Stimmung schematisiert. Darum sagt Pater in dem feinen Nachwort zur ersten Auf läge seiner Essays: »Unterliegen ist Gewohnheiten annehmen«. Als er das aussprach, meinten die stumpfen Leute in Oxford, der Satz sei bloß eine eigensinnige Umkehrung des etwas langweiligen Wortlauts Aristotelischer Ethik, aber es ist eine wundervolle, schreckliche Wahrheit darin verborgen. Ich hatte meine Charakterstärke von Dir untergraben lassen, und bei mir hatte sich die Annahme einer Gewohnheit nicht nur als ein Unterliegen, sondern als der Untergang erwiesen. In ethischer Hinsicht warst Du für mich noch verderblicher gewesen als in künstlerischer.

Nachdem der Haftbefehl einmal ausgestellt war, lenkte Dein Wille selbstverständlich alles. Zu der Zeit, als ich in London hätte sein, sachverständigen Rat einholen und über die scheußliche Falle, in der ich mich hatte fangen lassen – die Gimpelschlinge, wie Dein Vater sie heute noch nennt –, ruhig hätte nachdenken sollen, da bestandest Du darauf, daß ich mit Dir nach Monte Carlo ginge, grade diesem abstoßenden Ort auf Gottes Erdboden, damit Du den ganzen Tag wie die ganze Nacht, solange das Kasino geöffnet blieb, spielen könntest. Was mich betrifft – da Baccarat keine Reize für mich hat –, so wurde ich draußen allein gelassen. Du lehntest es ab, auch nur fünf Minuten lang die Lage zu besprechen, in die Du und Dein Vater mich gebracht hatten. Meine Aufgabe war lediglich, Deine Hotelrechnung und Deine Verluste zu bezahlen. Die geringste Anspielung auf die Höllenpein, die mich erwartete, wurde als öde empfunden. Eine neue Champagnermarke, die man uns empfahl, interessierte Dich mehr.

Bei unsrer Rückkehr nach London beschworen mich diejenigen meiner Freunde, denen es wirklich um mein Wohl zu tun war, ins Ausland zu flüchten und nicht einen unmöglichen Prozeß herauszufordern. Du schobst ihnen gemeine Motive unter, weil sie solchen Rat erteilten, und mir Feigheit, weil ich darauf hörte. Du zwangst mich zu bleiben; ich sollte die Sache, wenn möglich, vor Gericht durch geschmacklose, dumme Lügen dreist ausfechten. Schließlich verhaftete man mich, und Dein Vater wurde der Held der Stunde, ja, mehr noch als der Held der Stunde nur: Deine Familie zählt jetzt, komisch genug, zu den Unsterblichen; denn mit der grotesken Wirkung, die gleichsam ein gotischer Bestandteil der Geschichte ist und Klio zu der am wenigsten ernsten sämtlicher Musen macht, wird Dein Vater allezeit unter den gütigen, rein gesinnten Eltern der Erbauungsliteratur fortleben. Dein Platz ist bei dem Kinde Samuel; und im tiefsten Schlamm von Malebolge sitze ich zwischen Gilles de Retz und dem Marquis de Sade.

Natürlich hätte ich mich von Dir losmachen sollen. Ich hätte Dich aus meinem Leben abschütteln sollen, wie einer von seinem Gewand etwas abschüttelt, das ihn gestochen hat. In der wundervollsten aller seiner Tragödien erzählt uns Aischylos von dem großen Herrn, der in seinem Hause ein Löwenjunges, λέοντος ἶνιν, aufzieht und es Hebt, weil es seinem Lockruf leuchtenden Auges folgt und sich, wenn es Nahrung will, an ihn schmiegt: φαιδρωπῶς ποτὶ χεῖρα σαίνοντα γαστρὸς ἀνάγκαις, und das Geschöpf wächst heran und zeigt die eingeborene Art, ἦθος τὸ πρὸς τοκέων, und vernichtet den Herrn und sein Haus und alles, was er besitzt. Ich fühle, ich war ein solcher wie er. Aber mein Fehler war: nicht daß ich mich nicht von Dir trennte, sondern daß ich mich viel zu oft von Dir trennte. Soweit ich mich entsinnen kann, habe ich regelmäßig meine Freundschaft mit Dir alle drei Monate beendet. Und jedesmal, wenn dies geschehn war, brachtest Du es durch dringende Bitten, Telegramme, Briefe, die Vermittlung Deiner Freunde, die Vermittlung der meinen und dergleichen dahin, mich umzustimmen und Dich wiederkommen zu lassen. Als Du Ende März 1893 mein Haus in Torquay verließest, hatte ich beschlossen, nie mehr mit Dir zu sprechen und Dir unter keinen Umständen mehr zu gestatten, bei mir zu sein, so empörend war der Auftritt gewesen, den Du am Abend vor Deiner Abreise machtest. Schriftlich und telegraphisch batest Du mich aus Bristol, Dir zu verzeihn und mit Dir zusammenzukommen. Dein Universitätslehrer, der dageblieben war, sagte mir, er glaube, Du seist zu Zeiten ganz und gar nicht verantwortlich zu machen für das, was Du sprächest und tätest, und die meisten, wenn nicht alle Studenten am Magdalen-College seien derselben Ansicht. Ich willigte ein, mit Dir zusammenzukommen, und verzieh Dir natürlich. Auf der Fahrt nach London batest Du mich, mit Dir ins Savoy zu gehn. Das war freilich ein verhängnisvoller Besuch für mich. Drei Monate später, im Juni, waren wir in Goring. Einige Deiner Oxforder Bekannten kamen auf Besuch von Sonnabend bis Montag. Am Vormittag ihrer Abreise machtest Du eine so schreckliche, so qualvolle Szene, daß ich Dir sagte, wir müßten uns trennen. Ich erinnre mich ganz gut, als wir auf dem ebenen Krocketplatz standen, von dem hübschen Rasen rings umgeben, wie ich Dir auseinandersetzte, daß wir einer dem andern das Leben vergällten, daß Du das meine durchaus vernichtetest und ich Dich offenbar auch nicht wirklich beglückte, und daß unwiderruflicher Abschied und völlige Trennung das eine Kluge, Philosophische wäre, das wir tun sollten. Du gingst schmollend nach dem Mittagessen und ließest einen von Beleidigungen strotzenden Brief dem Diener zurück, der ihn mir nach Deiner Abreise übergeben sollte. Ehe drei Tage verstrichen waren, batest Du telegraphisch aus London, ich möchte Dir verzeihn und Dich zurückkommen lassen. Ich hatte Dir zuliebe dort gemietet. Ich hatte Deine eignen Dienstboten auf Dein Ersuchen engagiert. Es tat mir stets furchtbar leid, daß Du der gräßlichen Gemütsverfassung zum Opfer fielst. Ich hatte Dich gern. Ich ließ Dich also zurückkommen und verzieh Dir. Drei Monate später jedoch, im September, spielten sich neue Szenen ab; der Anlaß dazu war, daß ich Dir die Schuljungenschnitzer in Deinem Übersetzungsversuch der »Salome« nachwies. Du mußt es jetzt im Französischen so weit gebracht haben, zu wissen, daß die Übersetzung Deiner als eines Oxforder Akademikers ebenso unwürdig war wie des Werkes, das sie wiederzugeben vorhatte. Du wußtest es damals allerdings nicht, und in einem der heftigen Briefe, die Du mir in der Angelegenheit schriebst, sagtest Du, Du stündest mir gegenüber unter »keinerlei geistiger Verpflichtung«. Ich weiß noch: als ich diese Behauptung las, fühlte ich, daß es wirklich das einzig Wahre sei, das Du mir im ganzen Verlauf unsrer Freundschaft geschrieben hattest. Ich sah ein, daß ein weniger gebildetes Wesen Dir viel besser getaugt hätte. Ich sage das keineswegs in Verbitterung, sondern einfach als Tatsache, die für allen geselligen Umgang gilt. In letztem Betracht ist das Band jedes geselligen Umgangs, ob nun in der Ehe oder in der Freundschaft, die Unterhaltung, und Unterhaltung muß eine gemeinsame Grundlage haben, und zwischen zwei Menschen von weit verschiedener Bildung ist die einzig mögliche gemeinsame Grundlage der Nullpunkt. Das Triviale im Denken und Handeln ist reizend. Ich hatte es zum Schlußstein einer sehr geistreichen, in Theaterstücken und Paradoxen ausgesprochenen Philosophie gemacht. Aber die Hohlheit und Torheit unsers Lebens ödeten mich oftmals sehr an. Nur im Schlamm sind wir uns begegnet; und so bestrickend, so schrecklich bestrickend auch das eine Thema war, um das Deine Unterhaltung unveränderlich kreiste, es wurde schließlich dennoch ganz monoton für mich. Es langweilte mich oft zu Tode, und ich nahm es hin, wie Deine Vorliebe fürs Varieté oder Deine Manie für abgeschmackte Ausschweifungen im Essen und Trinken oder sonst eine Deiner für mich weniger reizvollen Eigenschaften, will sagen: wie etwas, womit man sich einfach abzufinden hatte – ein Teil des hohen Preises, den man für die Bekanntschaft mit Dir zahlen mußte.

Als ich nach meiner Rückkehr aus Goring für vierzehn Tage nach Dinard ging, warst Du mir sehr böse, weil ich Dich nicht mitnahm, machtest deswegen vor meiner Abreise überaus unerquickliche Szenen im Albemarle-Hotel und schicktest mir ebenso unerquickliche Telegramme in ein Landhaus, wo ich etliche Tage weilte. Ich sagte Dir, wie ich mich erinnre, ich hielte es für Deine Pflicht, daß Du eine Zeitlang bei Deinen Verwandten bliebest, da Du den ganzen Sommer fern von ihnen zugebracht hättest. Aber tatsächlich, um vollkommen offen mit Dir zu sein, konnte ich Dich unter keinen Umständen bei mir sein lassen. Wir waren fast zwölf Wochen zusammen gewesen. Ich brauchte Ruhe und Befreiung von dem schrecklichen Druck Deiner Gesellschaft. Es war nötig für mich, ein wenig allein zu sein. Es war in geistiger Beziehung nötig. Und so – daß ich's nur gestehe – sah ich in Deinem Brief, aus dem ich zitiert habe, eine sehr gute Gelegenheit, die unselige Freundschaft, die zwischen uns aufgekommen war, zu beenden, und zwar ohne Bitternis zu beenden, wie ich es schon vor einem Vierteljahr an dem leuchtenden Junimorgen in Goring versucht hatte. Es wurde mir jedoch nahegelegt – ich fühle mich verpflichtet, es ehrlich zu sagen: von einem meiner eignen Freunde, zu dem Du in Deiner mißlichen Lage gegangen warst –, daß Du tief verletzt seist, vielleicht sogar gedemütigt, wenn man Dir Deine Arbeit wie einen Schulaufsatz zurückschicke; daß ich geistig viel zu viel von Dir erwartete; und daß Du doch, was Du auch schriebest oder tätest, ganz entschieden an mir hingest. Ich wollte nicht der erste sein, der Dich in Deinen literarischen Anfängen hemmt oder entmutigt. Ich wußte ganz gut, daß keine Übersetzung, es sei denn, daß sie von einem Dichter herrührte, die Farbe und den Tonfall meines Werks in angemessener Weise wiederzugeben vermöchte. Anhänglichkeit schien mir, scheint mir noch, etwas Wundervolles, das man nicht leichthin wegwerfen soll. Deshalb nahm ich die Übersetzung und Dich zurück.

Genau drei Monate später, nach einer Reihe von Auftritten, die in einem mehr als üblich empörenden ihren Gipfel erreichten, als Du an einem Montagabend in Begleitung zweier Deiner Freunde zu mir in die Wohnung kamst, fand ich mich am nächsten Morgen buchstäblich auf der Flucht ins Ausland, um Dir zu entrinnen. Ich gab meiner Familie einen albernen Grund für meine plötzliche Abreise an und ließ meinem Diener eine falsche Adresse zurück aus Furcht, Du könnest mit dem nächsten Zuge nachkommen. Und ich weiß noch, an diesem Nachmittag, als ich im Eisenbahnwagen saß und nach Paris sauste, dachte ich darüber nach, in was für eine unmögliche, schreckliche, gänzlich schiefe Lage mein Leben gelangt war, wenn ich, ein Mann von Weltruf, mich buchstäblich gezwungen sah, aus England fortzueilen, um eine Freundschaft loszuwerden, die alles Gute in mir, vom geistigen oder ethischen Standpunkt aus, völlig vernichtete. Dabei war der Mensch, vor dem ich mich auf der Flucht befand, kein schreckliches, aus Unrat oder Schlamm ins moderne Leben hineingesprungenes Geschöpf, mit dem ich mich eingelassen, sondern Du, ein junger Mann meines eignen Rangs und Standes, der das gleiche College wie ich in Oxford besucht hatte und ein ständiger Gast in meinem Hause war. Die üblichen Telegramme mit Beschwörungen und Gewissensbissen folgten. Ich beachtete sie nicht. Schließlich drohtest Du damit, falls ich nicht einwilligte, mit Dir zusammenzukommen, unter keinen Umständen nach Ägypten zu reisen. Ich selbst hatte, mit Deinem Wissen und Zustimmen, Deine Mutter gebeten, Dich von England fort nach Ägypten zu schicken, weil Du Dein Leben in London zuschanden machtest. Ich wußte, daß es für sie, wenn Du nicht gingest, eine schreckliche Enttäuschung sein würde, und um ihretwillen kam ich mit Dir zusammen, und unter dem Einfluß großer Erregung, die Du sogar nicht vergessen haben kannst, verzieh ich die Vergangenheit, obschon ich von der Zukunft gar nichts sagte. Nach London am nächsten Tag zurückgekehrt, saß ich in meinem Zimmer und suchte traurig und ernst mit mir ins klare zu kommen, ob Du wirklich das seist, als was Du mir erschienst, oder nicht: so voll schrecklicher Gebrechen, so durchaus verderblich für Dich selbst wie für andre, ein so verhängnisvoller Bekannter und Gesellschafter. Eine ganze Woche lang dachte ich darüber nach und fragte mich, ob ich im Grunde nicht ungerecht sei und Dich falsch einschätze. Am Ende der Woche ward ein Brief Deiner Mutter abgegeben. Er drückte in demselben Grade jedes Gefühl aus, das ich Dir gegenüber hegte. Sie sprach darin von Deiner blinden, übertriebenen Eitelkeit, die Dich Dein Heim verachten und Deinen altern Bruder – diese candidissima anima – als »Philister« behandeln lasse; von Deiner Gemütsart, die ihr Angst einflöße, mit Dir über Dein Leben zu sprechen, das Leben, das Du, wie sie fühle, wie sie wisse, führtest: über Dein Verhalten in Geldangelegenheiten, das ihr in mehr als einer Hinsicht schmerzlich sei; von der Entartung und Veränderung, die mit Dir vorgegangen. Deine Mutter sah selbstverständlich, daß Erblichkeit Dir ein entsetzliches Vermächtnis aufgebürdet hatte, und räumte es offen ein, räumte es mit Entsetzen ein: er ist »das eine meiner Kinder, welches das unselige Douglas-Temperament geerbt hat«, schrieb sie von Dir. Zum Schluß äußerte sie, sie fühle sich zu der Erklärung verpflichtet, Deine Freundschaft mit mir habe ihrer Ansicht nach Deine Eitelkeit so gesteigert, daß sie der Quell aller Deiner Fehler geworden sei, und sprach die ernste Bitte aus, ich möchte nicht im Ausland mit Dir zusammenkommen. Ich antwortete ihr sogleich und sagte ihr, daß ich mit jedem ihrer Worte völlig übereinstimme. Ich fügte noch viel mehr hinzu. Ich ging so weit, wie es irgend möglich war. Ich sagte ihr, unsre Freundschaft stamme aus Deinen Oxforder Studententagen her, als Du an mich mit der Bitte herantratest, Dir in einer sehr ernsten Kalamität sehr besondrer Art zu helfen. Ich sagte ihr, Dein Leben sei beständig in der gleichen Weise heimgesucht gewesen. Die Schuld an Deiner Fahrt nach Belgien hättest Du Deinem Gefährten auf dieser Reise zugeschoben, und Deine Mutter hätte mir Vorwürfe gemacht, weil ich Dich mit ihm bekannt gemacht hätte. Ich schob die Schuld auf die richtigen Schultern zurück: die Deinen. Ich versicherte ihr zum Schluß, ich hätte nicht die geringste Absicht, Dich im Ausland zu treffen, und bat sie, sie möchte versuchen, Dich dort zu halten, entweder als Gesandtschaftsattaché, falls das möglich wäre, oder, wenn nicht, zur Erlernung fremder Sprachen; oder aus irgendeinem Grunde, der ihr gut dünke, mindestens zwei bis drei Jahre, und in Deinem Interesse ebensosehr wie in dem meinen. Inzwischen schriebst Du mir mit jeder Post aus Ägypten. Ich nahm nicht die geringste Notiz von irgendeiner Deiner Mitteilungen. Ich las sie und zerriß sie. Ich hatte mir fest vorgenommen, ich wollte nichts mehr mit Dir zu tun haben. An meinem Entschluß war nicht zu rütteln, und ich gab mich freudig der Kunst hin, deren Fortschritt ich Dich hatte unterbrechen lassen. Nach Ablauf eines Vierteljahrs schreibt mir tatsächlich Deine Mutter selbst mit jener unglücklichen, für sie bezeichnenden Willensschwäche, die in der Tragödie meines Lebens ein nicht minder verhängnisvoller Bestandteil gewesen ist als die Gewalttätigkeit Deines Vaters, sagt mir – auf Dein Anstiften hin, wie ich natürlich nicht zweifelte –, Du seist überaus begierig, von mir zu hören, und sendet mir, damit ich keinen Vorwand hätte, nicht mit Dir in schriftliche Verbindung zu treten, Deine Athener Adresse, die ich selbstverständlich nur zu gut kannte. Ich gebe zu, ich war sprachlos vor Erstaunen über ihren Brief; ich konnte nicht begreifen, wie sie, nach dem, was sie mir im Dezember geschrieben und was ich ihr darauf geantwortet hatte, es auch nur versuchen konnte, meine unglückliche Freundschaft mit Dir wiederherzustellen oder zu erneuern. Ich bestätigte freilich ihren Brief und legte ihr abermals ans Herz, den Versuch zu machen, Dich bei einer auswärtigen Gesandtschaft anzubringen, um Deine Rückkehr nach England zu verhindern; aber an Dich schrieb ich nicht und nahm so wenig Notiz von Deinen Telegrammen wie vorher, ehe Deine Mutter an mich geschrieben hatte. Schließlich telegraphiertest Du an meine Frau und batest sie, ihren Einfluß bei mir aufzubieten und mich zum Schreiben an Dich zu veranlassen. Unsre Freundschaft war von jeher eine Quelle des Kummers für sie gewesen; nicht nur, weil sie Dich persönlich nie leiden mochte, sondern weil sie sah, wie Dein beständiger Umgang mich veränderte, und nicht zum Besseren. Immerhin, ganz so, wie sie stets höchst gütig und gastlich Dir gegenüber gewesen war, konnte sie den Gedanken nicht ertragen, daß ich lieblos – denn so kam es ihr vor – gegen einen meiner Freunde sei. Sie dachte, ja, wußte, daß das nicht in meinem Charakter lag. Auf ihr Bitten hin setzte ich mich mit Dir in Verbindung. Ich entsinne mich des Wortlauts meines Telegramms recht gut. Ich sagte, die Zeit heile jede Wunde, doch viele Monate noch möchte ich weder an Dich schreiben noch Dich sprechen. Du reistest unverzüglich nach Paris ab und schicktest mir von unterwegs leidenschaftliche Telegramme mit der Bitte, ich möchte Dich doch wenigstens einmal sprechen. Ich lehnte es ab. Du trafst spät in Paris an einem Samstagabend ein und fandest einen kurzen Brief von mir in Deinem Hotel vor, des Inhalts, ich möchte Dich nicht sprechen. Am nächsten Morgen empfing ich in Tite-Street ein zehn bis elf Seiten langes Telegramm von Dir. Du brachtest darin zum Ausdruck: einerlei was Du mir getan hättest, Du könntest nicht glauben, daß ich es glatt ablehnte, Dich zu sprechen; Du erinnertest mich daran, daß Du zu dem Zwecke, mich auch nur eine Stunde zu sprechen, sechs Tage und Nächte durch ganz Europa ohne Aufenthalt gefahren seist; Du beschworst mich auf eine – ich kann es nicht leugnen – überaus rührende Art und schlössest mit einer, wie mir schien, nicht einmal schwach verhüllten Selbstmord-Drohung. Du selbst hattest mir oft erzählt, wie viele Deiner Angehörigen ihre Hände mit ihrem eignen Blute befleckt hatten: sicher Dein Onkel, wahrscheinlich Dein Großvater, neben andern aus dem tollen, schlechten Stamm, dem Du entsprossen. Mitleid, meine alte Liebe zu Dir, Rücksicht auf Deine Mutter, für die Dein Tod unter so fürchterlichen Umständen ein für sie fast unverwindlicher Schicksalsschlag gewesen wäre, die grauenhafte Vorstellung, daß ein so junges Leben, eines, das bei all seinen häßlichen Fehlern noch Schönes verhieß, ein so empörendes Ende nehmen sollte, reine Menschenliebe – all das muß, wenn es der Entschuldigung bedarf, mir als Entschuldigung dienen, daß ich Dir eine letzte Zusammenkunft zu gewähren einwilligte. Als ich in Paris ankam, brachst Du den ganzen Abend immer wieder in Tränen aus; wie Regen fielen sie über Deine Wangen, als wir zuerst bei Voisin dinierten, hernach bei Paillard soupierten. Deine ungeheuchelte Freude über das Wiedersehn mit mir, die sich darin äußerte, daß Du, sooft es ging, meine Hand hieltest, als ob Du ein folgsames, reuiges Kind wärst, Deine im Augenblick so schlichte und aufrichtige Zerknirschung ließen mich in eine Erneuerung unsrer Freundschaft willigen. Zwei Tage nach unsrer Rückkehr nach London sah Dich Dein Vater mit mir im Café Royal lunchen, setzte sich an meinen Tisch, trank von meinem Wein und begann diesen Nachmittag, durch einen an Dich gerichteten Brief, seinen ersten Angriff auf mich.

Es mag seltsam sein, aber noch einmal wurde mir, ich will nicht sagen: die Gelegenheit, doch die Pflicht, mich von Dir zu trennen, aufgezwungen. Ich brauche Dich kaum zu erinnern, daß ich auf Dein Benehmen mir gegenüber in Brighton vom 10. bis 13. Oktober 1894 anspiele. Drei Jahre zurückzublicken ist für Dich eine lange Zeit. Aber wir, die im Gefängnis leben und in deren Leben es kein andres Ereignis als Leiden gibt, müssen die Zeit nach den Pulsschlägen des Schmerzes und dem Register bittrer Augenblicke messen. Wir haben an nichts andres zu denken.

Das Leiden ist – so wunderlich es Dir klingen mag – das Mittel, durch das wir existieren, weil es das einzige Mittel ist, durch das wir uns der Existenz bewußt werden; und die Erinnrung an Leiden in der Vergangenheit ist für uns nötig als Gewähr und Beweis unsrer fortdauernden Identität. Zwischen mir und dem Gedächtnis an Freudiges liegt eine nicht minder tiefe Kluft als zwischen mir und Freudigem in seiner gegenwärtigen Wirklichkeit. Wäre unser gemeinsames Leben gewesen, wie die Welt es sich vorstellte: einfach aus Vergnügen, Liederlichkeit, Lachen bestehend, so wär' ich nicht in der Lage, mir einen einzigen Vorfall zurückzurufen. Weil es voll tragischer, bittrer, in ihren Warnungen finstrer, in ihren eintönigen Auftritten und ungeziemenden Heftigkeiten langweiliger oder schrecklicher Momente und Tage war, kann ich jedes besondere Ereignis bis ins kleinste sehn, ja, kann sonst wenig sehn oder hören. So sehr lebt man an diesem Orte vom Schmerz, daß meine Freundschaft mit Dir, in der Art wie ich daran denken muß, mir stets als ein Präludium im Einklang mit den unterschiedlichen Angststimmungen vorkommt, die ich jeden Tag durchzumachen habe; nein, mehr: sogar nötig zu haben scheine, als wäre mein Leben, wofür ich und andre es auch gehalten haben mögen, die ganze Zeit eine wirkliche Symphonie des Leidens gewesen, die durch ihre rhythmisch verbundenen Sätze zu ihrer bestimmten Auflösung fortschreitet mit jener Unabwendbarkeit, die für die Behandlung jedes großen Themas in der Kunst bezeichnend ist.

Ich sprach von Deinem Benehmen mir gegenüber an drei aufeinander folgenden Tagen vor drei Jahren – nicht wahr? Ich war damit beschäftigt, mein letztes Stück in der Einsamkeit von Worthing zu vollenden. Die beiden Besuche, die Du mir gemacht hattest, waren zu Ende. Da erschienst Du plötzlich ein drittes Mal und brachtest einen Gefährten mit, der, schlugst Du allen Ernstes vor, bei mir im Hause wohnen sollte. Ich lehnte das (Du mußt jetzt zugeben: wie es ganz richtig war) aufs entschiedenste ab. Ich hielt Dich selbstverständlich frei; ich hatte in diesem Punkte keine andre Wahl: aber an fremdem Ort, nicht bei mir zu Hause. Am nächsten Tag, einem Montag, kehrte Dein Genosse zu den Pflichten seines Berufs zurück, und Du bliebst bei mir. Von Worthing angeödet und noch mehr zweifellos von meinen vergeblichen Versuchen, meine Aufmerksamkeit auf mein Stück zu konzentrieren – das einzige, was mich im Augenblick wirklich fesselte –, bestehst Du darauf, daß ich mit Dir nach Brighton ins Grand Hôtel fahre. In der Nacht unsrer Ankunft erkrankst Du an dem gräßlichen, niederträchtigen Fieber, das man dummerweise Influenza nennt – Dein zweiter, wenn nicht Dein dritter Anfall. Ich brauche Dich nicht zu erinnern, wie ich Dich bediente und pflegte, nicht nur mit allen Annehmlichkeiten, wie Früchten, Blumen, Geschenken, Büchern und dergleichen, was man für Geld haben kann, sondern auch mit jener Zärtlichkeit und Liebe, die man – einerlei, wie Du darüber denkst – nicht für Geld haben kann. Abgesehn von einem einstündigen Spaziergang am Vormittag, einer einstündigen Spazierfahrt am Nachmittag bin ich nie aus dem Hotel fortgewesen. Ich ließ besondere Trauben für Dich aus London kommen, da Dir die vom Hotel gelieferten nicht schmeckten, erfand allerlei Kurzweil, blieb bei Dir oder im Zimmer nebenan, saß jeden Abend bei Dir, um Dich zu beruhigen oder zu belustigen. Nach vier oder fünf Tagen bist Du wiederhergestellt, und ich miete möblierte Zimmer und suche, mein Stück zu vollenden. Selbstverständlich begleitest Du mich. Am Morgen nach dem Tag, als wir dort eingezogen, fühle ich mich schwer krank. Du mußt zu geschäftlichen Zwecken nach London fahren, versprichst aber, nachmittags wieder dazusein. In London triffst Du Dich mit einem Freund und kommst erst spät am nächsten Tag nach Brighton zurück; da habe ich schon hohes Fieber, und der Arzt stellt fest, daß ich mir die Influenza bei Dir geholt habe. Nichts hätte für einen Kranken unbequemer sein können, als möblierte Zimmer sich erweisen. Mein Wohnzimmer liegt im ersten Stock, mein Schlafzimmer im dritten. Es ist kein Diener da, der eine Handreichung leisten, nicht einmal jemand, der einen Gang tun oder holen könnte, was der Arzt verordnet. Du bist ja da. Ich weiß mich geborgen. Die folgenden beiden Tage läßt Du mich ganz allein, ohne Obhut, ohne Aufwartung, ohne alles. Es handelte sich nicht um Trauben, Blumen und reizende Gaben; es handelte sich um das Allernötigste: ich konnte nicht einmal die Milch bekommen, die der Arzt verschrieben hatte; Limonade war mir streng verboten. Und als ich Dich bat, ein Buch in der Buchhandlung zu besorgen oder, wenn das, worauf ich es abgesehn, nicht vorrätig, etwas andres auszusuchen, nimmst Du Dir nicht einmal die Mühe hinzugehn. Und nachdem ich infolgedessen einen ganzen Tag ohne Lektüre geblieben war, erzählst Du mir ruhig, Du habest mir das Buch gekauft und man habe es zu schicken versprochen – eine Angabe, die, wie sich nachher zufällig herausstellte, Wort für Wort erlogen war. Während der ganzen Zeit lebst Du natürlich auf meine Kosten, fährst spazieren, speist im Grand Hôtel und läßt Dich nur bei mir blicken, um Geld zu holen. Am Samstagabend, nachdem Du mich seit Vormittag völlig ohne Bedienung und allein gelassen, bat ich Dich, nach dem Abendessen wiederzukommen und ein wenig bei mir zu bleiben. In gereiztem Tone und unfreundlichen Wesens versprichst Du es. Ich warte bis elf Uhr; Du erscheinst nicht. Ich ließ dann ein paar Zeilen für Dich auf Deinem Zimmer, die Dich just an das Versprechen erinnern sollten, das Du mir gegeben und wie Du es gehalten hattest. Um drei Uhr morgens, da ich nicht schlafen konnte und von Durst geplagt war, machte ich mich im Dunkeln und Kalten nach dem Wohnzimmer auf in der Hoffnung, dort Wasser zu finden. Ich fand Dich. Du fielst mit allen Schimpfworten über mich her, die sich eine unmäßige Stimmung, eine undisziplinierte, zuchtlose Natur ausdenken konnte. Vermittels der schrecklichen Alchimie des Egoismus verwandeltest Du Deine Gewissensbisse in Wut. Du warfst mir Selbstsüchtigkeit vor, weil ich Dich in meiner Krankheit bei mir haben wollte: ich stünde zwischen Dir und Deinen Vergnügungen und suchte Dich Deiner Freuden zu berauben. Du sagtest mir – und ich weiß, daß es der Wahrheit entsprach –, Du seist um Mitternacht nach Hause gekommen, einfach um Dich umzuziehn und wieder dahin zu gehn, wo neue Freuden, wie Du hofftest, Deiner warteten; aber durch den für Dich zurückgelassenen Brief, worin ich Dich erinnert hatte, daß Du mich den ganzen Tag und den ganzen Abend vernachlässigt, hätte ich Dich faktisch der Lust zu weitern Genüssen beraubt und Dein Fassungsvermögen für neue Wonnen vermindert. Angeekelt ging ich wieder hinauf und blieb bis Tagesanbruch ohne Schlaf, und erst lange danach war ich imstande, etwas zu bekommen, das meinen Fieberdurst löschte. Um elf Uhr kamst Du in mein Zimmer. In dem vorangegangenen Auftritt mußte ich die Wahrnehmung machen, daß ich Dir durch meinen Brief wenigstens in einer an mehr als den üblichen Ausschweifungen reichen Nacht Einhalt getan hatte. Am Morgen warst Du ganz Du selbst. Ich wartete natürlich daraufzuhören, was für Entschuldigungen Du vorzubringen hättest und in welcher Weise Du meine Verzeihung erbitten würdest, die, wie Du im Herzen wußtest, unwandelbar Deiner harrte, was Du auch tatest; Dein unbedingtes Vertraun, daß ich Dir stets verzeihn würde, war die Eigenschaft an Dir, die ich von jeher am besten leiden mochte, vielleicht die beste Eigenschaft an Dir, die ich leiden mochte. Weit davon entfernt, so zu handeln, wiederholtest Du mit erneutem Nachdruck und noch heftigerer Anmaßung den gleichen Auftritt. Schließlich befahl ich Dir, aus dem Zimmer zu gehn; Du machtest Miene, es zu tun, doch als ich den Kopf von dem Kissen erhob, in das ich ihn vergraben hatte, warst Du noch da und gingst mit rohem Lachen in hysterischer Wut plötzlich auf mich los. Ein Gefühl des Entsetzens packte mich – aus welcher genauen Veranlassung konnte ich nicht ausfindig machen; aber ich stand sofort aus dem Bett auf und wankte, barfüßig und wie ich grade war, die zwei Treppen hinunter ins Wohnzimmer, das ich nicht eher verließ, bis mir der Inhaber der Wohnung – nach dem ich geklingelt hatte – die Versicherung, Du wärest aus meinem Schlafzimmer gegangen, und das Versprechen gegeben hatte, im Notfall in Rufweite zu bleiben. Nach Verlauf einer Stunde – währenddessen war der Arzt erschienen und fand mich selbstverständlich in einem Zustand völliger Nervenerschöpfung, ebenso bei höherer Temperatur, als ich sie zu Beginn gehabt hatte – kamst Du lautlos um Geld zurück, nahmst, was Du auf dem Toilettetisch und dem Kaminsims finden konntest, und verließest das Haus mit Deinem Gepäck. Brauche ich Dir zu sagen, was ich während der folgenden beiden einsamen und elenden Krankheitstage von Dir dachte? Hab' ich nötig darzulegen, daß ich klar einsah, es sei für mich entehrend, auch nur die Bekanntschaft mit einem solchen Menschen fortzusetzen, als den Du Dich erwiesen hattest? Daß ich erkannte, der Augenblick des Abschieds sei gekommen, und daß ich ihn wirklich als große Erleichterung empfand? Und daß ich wußte, fortan würden meine Kunst und mein Leben freier, besser und schöner in jeder denkbaren Beziehung sein? So krank ich war, ich fühlte mich beruhigt. Die Tatsache, daß die Trennung unwiderruflich sei, verschaffte mir Frieden.

Bis zum Dienstag war das Fieber gewichen; zum erstenmal aß ich unten. Dienstag war mein Geburtstag. Unter den Telegrammen und Posteingängen auf meinem Tisch befand sich ein Brief in Deiner Handschrift. Ich öffnete ihn mit einem Gefühl der Wehmut. Ich wußte, die Zeit war vorbei, daß ein hübscher Satz, ein liebevoller Ausdruck, ein Wort des Bedauerns mich veranlassen würden, Dich wieder aufzunehmen. Aber ich war durchaus im Irrtum. Ich hatte Dich unterschätzt. Dein Geburtstagsbrief war eine fein ausgearbeitete Wiederholung der beiden Auftritte, durchtrieben und sorgfältig schwarz auf weiß zu Papier gebracht! Du machtest Dich mit gemeinen Spaßen über mich lustig. Deine einzige Genugtuung in der ganzen Angelegenheit war, daß Du wieder ins Grand Hôtel zogst und mir Dein Lunch, ehe Du nach London abfuhrst, auf die Rechnung setzen ließest. Du beglückwünschtest mich zu meiner Vorsicht, vom Krankenbett aufzustehn, zu meiner plötzlichen Flucht treppabwärts. »Es war ein häßlicher Augenblick für Dich«, schriebst Du, »häßlicher, als Du Dir vorstellst.« Ach, ich fühlte es nur zu gut. Was wirklich damit gemeint war, weiß ich nicht: ob Du den Revolver bei Dir trugst, den Du Dir gekauft hattest, um Deinem Vater Furcht einzujagen, und den Du einmal, als Du ihn für ungeladen hieltest, in öffentlichem Restaurant in meiner Gesellschaft abgefeuert hattest; ob Du mit der Hand eine Bewegung nach einem gewöhnlichen Messer machtest, das zufällig zwischen uns auf dem Tische lag; ob Du in Deiner Wut Deine Kleinheit und Deine geringere Körperkraft vergaßest und an eine ganz besonders persönliche Beschimpfung oder gar einen Angriff gedacht hattest, als ich krank dalag, konnte ich nicht sagen. Ich weiß es bis zum gegenwärtigen Augenblick nicht. Ich weiß nur, daß mich ein Gefühl höchsten Entsetzens beschlichen hatte und daß ich unter dem Eindruck stand, Du würdest, falls ich nicht sofort das Zimmer verließe und die Flucht ergriffe, etwas getan oder zu tun versucht haben, das selbst für Dich zeitlebens eine Quelle der Scham gewesen wäre. Nur einmal in meinem Leben hatte ich schon vorher ein solches Gefühl des Grauens vor einem menschlichen Wesen gehabt. Das war damals, als Dein Vater mit seinem Spießgesellen oder Freund zwischen uns in meiner Bibliothek in Tite-Street mit seinen kleinen Händen in epileptischer Wut in der Luft herumfuchtelte, alle unsaubern Schimpfwörter von sich gab, die sein unsaubres Hirn ausdenken konnte, und die abscheulichen Drohungen brüllte, die er nachher mit solcher Schläue ausführte. In diesem Falle war er freilich derjenige, der das Zimmer zuerst verlassen mußte. Ich warf ihn hinaus. In Deinem Falle ging ich. Es war nicht das erste Mal, daß ich Dich vor Dir selbst bewahren mußte.

Du schlössest Deinen Brief mit dem Satz: »Wenn Du nicht auf Deinem Piedestal stehst, bist Du nicht interessant. Das nächste Mal, wenn Du krank bist, will ich sofort verschwinden.« Ach, was für eine Grobheit der Denkfaser verrät das! Welchen völligen Mangel an Phantasie! Wie abgestumpft, wie gemein war das Temperament da schon geworden! »Wenn Du nicht auf Deinem Piedestal stehst, bist Du nicht interessant. Das nächste Mal, wenn Du krank bist, will ich sofort verschwinden.« Wie oft sind mir in der elenden, einsamen Zelle der verschiedenen Gefängnisse, in die man mich geschafft hat, diese Worte eingefallen! Ich habe sie mir immer wieder aufgesagt und in ihnen, ich hoffe: mit Unrecht, zum Teil das Geheimnis Deines seltsamen Schweigens gesehn. So an mich zu schreiben, da ich mir doch die Krankheit und das Fieber, woran ich litt, dadurch, daß ich Dich pflegte, zugezogen hatte, war in seiner Grobheit und Roheit empörend von Dir; doch von jedem Menschengeschöpf auf der ganzen weiten Welt so an ein andres zu schreiben wäre Sünde, für die es keine Verzeihung gibt, gäbe es eine Sünde, für die es keine Verzeihung gibt. Ich gestehe, ich fühlte mich, als ich Deinen Brief zu Ende gelesen hatte, fast besudelt, als ob ich durch den Umgang mit einem solchen Wesen mein Leben unheilbar beschmutzt und geschändet hätte. Es war allerdings geschehn, aber wie sehr, das sollte ich erst genau sechs Monate später im Leben erfahren. Ich machte mit mir aus, Freitag nach London zurückzufahren, Sir George Lewis privatim zu besuchen und ihn zu bitten, daß er Deinem Vater schreibe, ich hätte beschlossen, unter gar keinen Umständen mehr Dich mein Haus betreten, an meinem Tisch sitzen, mit mir plaudern, mit mir ausgehn oder irgendwo und zu irgendeiner Zeit in meiner Gesellschaft weilen zu lassen. Danach hätte ich Dir die von mir gewählte Handlungsweise schriftlich zur Kenntnis gebracht; die Gründe dafür würdest Du selbst unausbleiblich begriffen haben. Ich hatte alles Donnerstagabend vorbereitet;

da, am Freitagmorgen, als ich beim Frühstück saß, eh' ich mich auf den Weg machte, öffnete ich zufällig die Zeitung und sah darin ein Telegramm, Dein älterer Bruder, das wirkliche Haupt der Familie, der Erbe des Titels, die Säule des Hauses, sei in einem Graben tot aufgefunden worden, sein abgefeuertes Gewehr neben ihm. Die grauenvollen Umstände der Tragödie, die, wie man jetzt weiß, auf einem unglücklichen Zufall beruhte, damals aber mit einer dunklern Vermutung bemakelt war; das Ergreifende des plötzlichen Todes eines von allen, die ihn kannten, so geliebten Menschen, und noch dazu gleichsam am Vorabend seiner Vermählung; das Bild, das ich mir davon machte, wie Dein eigner Schmerz sein würde oder sein sollte; das Bewußtsein des Elends, das Deine Mutter erwartete durch den Verlust des Einen, an den sie sich klammerte, um Trost und Lebensfreude bei ihm zu suchen, und der, wie sie mir einmal selbst erzählte, vom Tag seiner Geburt an sie niemals eine einzige Träne hatte vergießen lassen; das Bewußtsein Deiner eignen Vereinsamung, da Deine andern beiden Brüder nicht in Europa weilten und Du daher der einzige warst, an den sich Deine Mutter und Deine Schwester halten konnten, nicht nur wenn sie Gesellschaft in ihrem Leid wünschten, sondern auch zur Erledigung der düstern Verantwortlichkeiten voll schrecklicher Einzelheiten, die der Tod allemal im Gefolge hat; das bloße Gefühl für die lacrimae rerum, für die Tränen, daraus die Welt gemacht ist, und für die Traurigkeit aller menschlichen Dinge – aus dem Zusammenströmen dieser Gedanken und Regungen, die sich in mein Hirn drängten, erwuchs unendliches Mitleid für Dich und Deine Angehörigen. Meine eignen Sorgen und meine Verbitterung gegen Dich vergaß ich. Was Du mir in meiner Krankheit gewesen warst, konnte ich Dir in Deinem schmerzlichen Verluste nicht sein. Ich telegraphierte Dir sogleich mein tiefstes Mitgefühl, und in dem Brief, der folgte, lud ich Dich ein, in mein Haus zu kommen, sobald Du in der Lage seist. Ich empfand: in diesem besondern Augenblick Dich aufzugeben, noch dazu in aller Form durch einen Anwalt, wäre zu schrecklich für Dich gewesen.

Bei Deiner Rückkehr nach London vom Tatort der Tragödie, wohin man Dich gerufen hatte, kamst Du sogleich sehr lieb und schlicht in Deinem Trauergewande tränenverschleierten Blicks zu mir. Du suchtest Trost und Hilfe, wie ein Kind. Ich öffnete Dir mein Haus, mein Heim, mein Herz. Ich machte Deinen Schmerz auch zu dem meinen, um Dir ihn tragen zu helfen. Nie hab ich, auch nur mit einem Wort, auf Dein Benehmen gegen mich, auf die empörenden Szenen und den empörenden Brief angespielt. Dein Kummer, der echt war, schien Dich mir näherzubringen, als Du mir je gestanden hattest. Die Blumen, die Du von mir an Deines Bruders Grab mitnahmst, sollten ein Sinnbild sein, nicht nur für die Schönheit seines Lebens, sondern für die Schönheit, die in jedem Leben schlummert und zum Lichte gefördert werden kann.

Die Götter sind wunderlich. Nicht nur aus unsern Lastern machen sie Zuchtruten. Sie stürzen uns ins Verderben durch das, was in uns gut, edel, menschenfreundlich, liebreich ist. Ohne mein Mitleid und meine Zuneigung zu Dir und den Deinen flössen jetzt nicht an diesem schrecklichen Orte Tränen.

Natürlich sehe ich in all unsern Beziehungen nicht nur eine Schicksalsfügung, sondern ein Verhängnis – das Verhängnis, das immer rasch dahinschreitet, weil es auf dem Wege zum Blutvergießen ist. Durch Deinen Vater entstammst Du einem Geschlecht, mit dem die Ehe grauenvoll, die Freundschaft verderbenbringend ist, und das gewaltsam Hand an das eigne Leben oder das Leben andrer legt. In jedem kleinen Vorfall, in dem unsre Lebensstraßen sich kreuzten; in jedem Umstand von großer oder anscheinend geringfügiger Bedeutung, der Dich auf der Suche nach Vergnügen oder Hilfe zu mir kommen ließ; im Zufallsspiel, in den winzigen Begebenheiten, die in ihrer Tragweite nicht mehr erscheinen als der Staub, der im Sonnenstrahle tanzt, oder das Blatt, das vom Baume rieselt, kam Verderben nach, wie das Echo einem Schmerzensrufe oder wie der Schatten, der mit den Raubtieren um die Wette läuft. Unsre Freundschaft beginnt tatsächlich damit, daß Du in einem überaus rührenden, reizenden Brief mich um Beistand bittest in einer für jedermann, für einen jungen Menschen in Oxford doppelt entsetzlichen Lage. Ich leiste Dir ihn und verliere schließlich, dadurch daß Du mich Sir George Lewis gegenüber als Deinen Freund ausgibst, seine Hochschätzung und Freundschaft, die sich in fünfzehn Jahren bewährt hat. Als ich seinen Rat, seine Hilfe, seine Achtung einbüßte, ging mir der eine große Schutz und Schirm meines Lebens verloren.

Du schickst mir ein sehr hübsches Gedicht aus dem akademischen Poetenkreis zur Begutachtung ein. Ich erwidere darauf mit einem Brief voll phantastischer literarischer Spielereien. Darin vergleiche ich Dich mit Hylas oder Hyakinthos, Jonquil oder Narkissos oder sonst einem, den der große Gott der Dichtkunst bevorzugte und mit seiner Liebe beehrte. Der Brief mutet an wie eine nach Moll transponierte Stelle aus einem Sonett Shakespeares. Er kann bloß von denen verstanden werden, die Platos Symposion gelesen oder den Geist einer gewissen ernsten Stimmung, die für uns in griechischen Marmorwerken zur Schönheit geworden, in sich aufgenommen haben. Es war – laß es mich offen sagen – die Art Brief, wie ich sie in einem glücklichen, obwohl launischen Moment jedem netten jungen Studenten beider Universitäten geschrieben haben würde, der mir ein von ihm verfaßtes Gedicht gesandt hätte, in der Überzeugung, daß er genug Witz und Bildung besäße, die phantastischen Ausdrücke des Briefes richtig zu deuten. Sieh Dir die Geschichte dieses Briefes an! Er gelangt von Dir in die Hände eines widerlichen Burschen, von ihm an eine Erpresserbande. Abschriften davon werden in London herumgeschickt an meine Freunde und den Theaterdirektor, bei dem mein Werk aufgeführt wird. Jede Auslegung, nur nicht die richtige, wird meinem Brief gegeben. Die Gesellschaft packt ein Schauer infolge der albernen Gerüchte, ich hätte eine mächtige Summe dafür zahlen müssen, daß ich Dir einen schändlichen Brief geschrieben. Dies bildet die Grundlage für den schlimmsten Angriff Deines Vaters. Ich selbst lege das Original des Briefes dem Gericht vor, um zu zeigen, was daran ist. Er wird als empörender, tückischer Versuch, die Unschuld zu verführen, vom Anwalt Deines Vaters gebrandmarkt. Schließlich bildet er einen Teil einer Kriminalklage. Der Staatsanwalt macht ihn sich zunutze. Der Richter läßt sich in seinem Resümee mit wenig Wissen und viel Moral darüber aus. Das Ende vom Lied ist: ich gehe dafür ins Gefängnis. Das habe ich davon, daß ich Dir einen reizenden Brief schrieb.

Während unsers Aufenthalts in Salisbury bist Du schrecklich beunruhigt über die schriftliche Drohung eines früheren Genossen von Dir; Du bittest mich, mit dem Briefschreiber zu sprechen und Dir zu helfen; ich tue es. Das Ergebnis ist: Verderben für mich. Ich sehe mich gezwungen, alles, was Du getan hast, auf meine Schultern zu nehmen und dafür einzustehn. Als es Dir mißlingt, einen akademischen Grad zu erwerben, und Du von Oxford weggehn sollst, telegraphierst Du mir nach London und bittest mich, zu Dir zu kommen. Ich tue es auf der Stelle. Du ersuchst mich, Dich nach Goring mitzunehmen, da Du unter diesen Umständen nicht gern nach Hause gehn wolltest. In Goring siehst Du ein Haus, das Dich entzückt; ich miete es für Dich. Das Ergebnis in jeder Hinsicht ist: Verderben für mich. Eines Tages kommst Du zu mir und erbittest als persönlichen Gefallen, ich möchte etwas für ein Oxforder Studentenblatt schreiben, das einer Deiner Freunde grade begründen soll, von dem ich in meinem ganzen Leben nichts gehört habe und nicht das mindeste wußte. Dir zuliebe – was hab ich Dir zuliebe nicht alles getan? – schicke ich ihm eine Seite paradoxer Aussprüche, die ursprünglich für die »Saturday Review« bestimmt waren. Ein paar Monate später finde ich mich auf der Anklagebank des Old Bailey wegen des Rufs dieser Zeitschrift. Sie gehört mit zum Belastungsmaterial des Staatsanwalts. Man fordert mich auf, Deines Freundes Prosa und Deine eignen Verse zu verteidigen. Jene kann ich nicht beschönigen; diese verteidige ich mit Rücksicht auf die bittre Not, auf Deine jugendliche Schriftstellerei wie Dein jugendliches Leben sehr stark und will es nicht wahr haben, daß Du Unanständiges schreibest. Aber ich muß ins Gefängnis, trotz alledem, für Deines Freundes Studentenblatt und die »Liebe, die sich nicht getraut, ihren Namen zu nennen«. Weihnachten mache ich Dir ein »sehr hübsches Geschenk«, wie Du es in Deinem Dankbrief bezeichnetest, an das Du, wie ich wußte, Dein Herz gehängt hattest, im Werte von 40 oder 50 Pfund allerhöchstens. Als der Krach meines Lebens kommt und ich ruiniert bin, legt der Büttel Beschlag auf meine Bücherei und läßt sie verkaufen, um das »sehr hübsche Geschenk« zu bezahlen. Dafür hat man die Zwangsversteigerung über mein Haus verhängt. Im schrecklichen Endstadium, als ich geneckt und durch Deine Neckereien dahin getrieben werde, einen Prozeß gegen Deinen Vater anzustrengen und ihn verhaften zu lassen, ist der letzte Strohhalm, an den ich mich in meinen kläglichen Fluchtbemühungen klammre, der schreckliche Kostenaufwand. Ich sage dem Anwalt in Deiner Gegenwart, daß ich kein Kapital besitze, daß ich unmöglich die schauderhaften Spesen auf bringen kann, und daß ich kein Geld zur Verfügung habe. Was ich sagte, ist, wie Du weißt, durchaus wahr gewesen. An jenem unseligen Freitag wäre ich, statt bei Humphreys im Büro zu sein, wo ich aus Schwäche in mein eignes Verderben einwilligte, glücklich und frei in Frankreich gewesen, fern von Dir und Deinem Vater, ohne seine widerliche Karte zu beachten und mich um Deine Briefe zu kümmern, wenn ich imstande gewesen wäre, das Avondale-Hotel zu verlassen. Doch die Hotelangestellten wollten mich um keinen Preis gehn lassen. Du hattest zehn Tage dort mit mir gewohnt; ja, Du brachtest schließlich zu meiner großen und, wie Du zugeben wirst, berechtigten Entrüstung einen Genossen von Dir mit, der auch bei mir wohnen sollte. Meine Rechnung für die zehn Tage betrug annähernd 140 Pfund. Der Besitzer sagte, er könne nicht gestatten, daß mein Gepäck aus dem Hotel geschafft werde, bis ich volle Zahlung geleistet hätte. Das hat mich in London gehalten. Ohne die Hotelrechnung wäre ich am Donnerstagmorgen nach Paris gefahren.

Als ich dem Anwalt sagte, ich hätte kein Geld, wäre den Riesenkosten nicht gewachsen, schlugst Du Dich sofort ins Mittel. Du sagtest, Deine Angehörigen wären nur zu froh, alle nötigen Ausgaben zu bezahlen; Dein Vater hätte auf ihnen insgesamt wie ein Alp gelastet; sie hätten die Möglichkeit oft erörtert, ihn einer Irrenanstalt zu überweisen, um ihn unschädlich zu machen; er wäre eine tägliche Quelle der Plage und des Kummers für Deine Mutter und alle übrigen; die Familie würde mich, wenn ich mich nur dazu hergäbe, ihn einsperren zu lassen, als ihren Vorkämpfer und Wohltäter betrachten; und die reichen Verwandten Deiner Mutter würden es selbst als eine Herzensfreude ansehn, wenn es ihnen vergönnt wäre, sämtliche Kosten und Auslagen zu bezahlen, die bei einem solchen Kampfe zu tragen wären. Der Anwalt war sofort dafür, und man drängte mich zum Polizeigericht. Es blieb mir keine Ausrede, nicht zu gehn. Ich wurde hineingenötigt. Selbstverständlich zahlen Deine Angehörigen die Kosten nicht; und als ich für bankrott erklärt werde, geschieht es durch Deinen Vater und zwar für die Kosten – den schäbigen Rest – einige 700 Pfund. Gegenwärtig trifft meine Gattin, mir entfremdet durch die wichtige Frage, ob ich 60 oder 70 Schilling wöchentlich zum Leben bekommen soll, Anstalten zur Ehescheidung, für die selbstverständlich ganz neue Zeugenaussagen und eine ganz neue Verhandlung vonnöten sein werden, im Anschluß daran vielleicht ein ernsteres Gerichtsverfahren. Ich weiß natürlich nichts von den Einzelheiten. Ich kenne nur den Namen des Zeugen, auf dessen Aussage sich die Anwälte meiner Frau stützen. Es ist Dein eigner Oxforder Diener, den ich auf Dein besondres Ersuchen hin für unsern Sommer in Goring angestellt hatte.

Doch wahrhaftig, ich brauche nicht weiter zu gehn mit mehr Beispielen für das seltsame Verhängnis, das Du in allem, ob groß oder klein, über mich anscheinend heraufbeschworen hast. Ich habe manchmal das Gefühl, als seist Du selbst lediglich eine von geheimer, unsichtbarer Hand geschaffene Marionette gewesen, die schreckliche Dinge zu schrecklichem Ende führen sollte. Aber sogar Marionetten haben Leidenschaften. Sie bringen eine neue Fabel in das, was sie darstellen, und verwickeln die vorgeschriebene, abwechslungsreiche Wirkung, einer ihrer eignen Launen oder Lüste zuliebe. Vollkommen frei zu sein und zur selben Zeit vollkommen unter der Herrschaft des Gesetzes zu stehn ist das ewige, in jedem Augenblick von uns empfundene Paradoxon des Menschenlebens; und das, denke ich oft, ist die einzig mögliche Erklärung Deines Wesens, wenn es für das tiefe, furchtbare Geheimnis einer Menschenseele überhaupt eine Erklärung gibt, es sei denn eine, die das Geheimnis noch wunderbarer macht.

Natürlich hattest Du Deine Illusionen, lebtest fürwahr in ihnen und sahst durch die wechselnden Nebel und farbigen Schleier alle Dinge verändert. Du dachtest, ich weiß es ganz gut, Deine treue Anhänglichkeit an mich, die bis zu völliger Ausschließung Deiner Familie und des Familienlebens ging, sei ein Beweis Deiner wundervollen Wertschätzung für mich und Deiner großen Zuneigung. Unbedingt, Dir kam es so vor. Doch vergiß nicht: bei mir war Prachtliebe, hohe Lebensweise, unbegrenzte Freude, Geld ohne Maß. Dein Familienleben langweilte Dich. Der »kalte, billige Wein in Salisbury«, um einen Ausdruck Deiner Prägung zu gebrauchen, war Dir zuwider. Auf meiner Seite und im Bunde mit meinen geistigen Lockungen waren die Fleischtöpfe Ägyptens. Wenn Du mich nicht zur Gesellschaft haben konntest, waren die Gefährten, die Du Dir als Ersatz aussuchtest, nicht schmeichelhaft.

Du dachtest ferner: wenn Du durch den Anwalt einen Brief an Deinen Vater schicken ließest, des Inhalts: eher als Deine ewige Freundschaft mit mir lösen, wollest Du das Taschengeld von 250 Pfund im Jahr aufgeben, das er, glaube ich, Dir damals, mit Abzügen für Deine Oxforder Schulden, bewilligte, dann setztest Du der Freundschaft ritterliches Wesen in die Tat um, schlügest den edelsten Ton der Selbstverleugnung an. Aber der Verzicht auf Deine kleine Rente bedeutete nicht, daß Du Lust hättest, auch nur eine Deiner überflüssigsten Üppigkeiten oder unnötigsten Ausschweifungen aufzugeben. Im Gegenteil: Deine Gier nach üppigem Leben war niemals so stark. Meine Ausgaben während der acht Tage in Paris für mich, Dich und Deinen italienischen Diener grenzten an 150 Pfund, wovon Paillard allein 85 verschlang. Bei dem Stil, in dem Du leben wolltest, hätte Dein ganzes Jahreseinkommen, wenn Du Deine Mahlzeiten allein verzehrt hättest und besonders sparsam in der Auswahl der wohlfeileren Gattung von Genüssen gewesen wärst, kaum drei Wochen gereicht. Die Tatsache, daß Du in einer Anwandlung, die lediglich renommistische Geste war, auf Dein Taschengeld, so viel es nun einmal betrug, verzichtet hattest, gab Dir wenigstens einen glaubwürdigen Grund für Deinen Anspruch, auf meine Kosten zu leben; oder das, was Du für einen glaubwürdigen Grund hieltest; und bei vielen Gelegenheiten hast Du Dich seiner im Ernst bedient und ihm kräftigsten Ausdruck gegeben; und die fortgesetzten Abzapfungen, die Du hauptsächlich an mir, doch auch in schrecklichem Umfang, wie ich weiß, an Deiner Mutter vornahmst, waren nie so peinlich, weil sie, wenigstens in meinem Falle, nie vom geringsten Dankeswort oder Mäßigkeitsgefühl begleitet waren.

Du dachtest ferner: wenn Du Deinen eignen Vater mit fürchterlichen Briefen, beleidigenden Telegrammen und frechen Postkarten angriffest, schlügest Du in Wirklichkeit die Schlachten Deiner Mutter, indem Du als ihr Vorkämpfer auf dem Plan erschienst und die zweifellos schrecklichen Kränkungen und Leiden ihres Ehelebens rächtest. Es war durchaus eine Illusion Deinerseits, eine Deiner schlimmsten sogar. Das Mittel für Dich, die Kränkungen Deiner Mutter an Deinem Vater zu rächen, wenn Du das für einen Teil der Sohnespflicht hieltest, war: Deiner Mutter ein besserer Sohn zu sein, als Du ihr gewesen; sie keine Angst haben zu lassen, mit Dir über ernste Dinge zu sprechen; keine Wechsel zu unterschreiben, deren Bezahlung ihr anheimfiel; artiger gegen sie zu sein und kein Leid auf ihr Haupt zu bringen. Dein Bruder Francis entschädigte sie reich für das, was sie erduldet hatte, durch sein liebes, gütiges Wesen während der kurzen Jahre seines blumenhaften Lebens. Du hättest Dir ihn zum Vorbild nehmen sollen. Du irrtest auch in der Vermutung, es wäre für Deine Mutter eitel Wonne gewesen, wenn Du durch mich Deinen Vater ins Gefängnis gebracht hättest. Ich bin überzeugt, Du irrtest. Und willst Du wissen, was eine Frau wirklich fühlt, wenn ihr Gatte und der Vater ihrer Kinder in Gefängniskleidung, in einer Gefängniszelle ist, dann schreib an meine Frau und frage sie. Sie wird es Dir sagen.

Auch ich hatte meine Illusionen. Ich dachte, das Leben solle eine geistsprühende Komödie und Du eine der anmutigen Gestalten darin werden. Ich habe gefunden, daß es eine empörende, abstoßende Tragödie ist und daß der unheilvolle Anlaß zur großen Katastrophe, unheilvoll in der Anspannung seines Strebens und in der Stärke eingeengter Willenskraft, Du warst, nachdem die Maske der Lust und Freude gefallen war, von der Du Dich, ebenso wie ich, hattest täuschen und in die Irre führen lassen.

Du kannst jetzt ein wenig von dem, was ich leide, verstehn – nicht wahr? Irgendeine Zeitung, die Pall Mall Gazette, glaube ich, hat bei der Beschreibung der Generalprobe eines meiner Stücke von Dir gesprochen als von meinem Schatten, der mich überallhin begleite. Die Erinnrung an unsre Freundschaft ist der Schatten, der hier neben mir geht; der mich nie zu verlassen scheint; der mich bei Nacht aufweckt und mir dieselbe Geschichte immer wieder erzählt, bis ihre ermüdende Wiederholung allen Schlaf bis Tagesanbruch verscheucht; bei Tagesanbruch beginnt er von neuem; er folgt mir auf den Gefängnishof und läßt mich mit mir selbst reden, während ich im Kreis herumstapfe. Jede Einzelheit im Gefolge jedes schrecklichen Augenblicks muß ich mir zurückrufen. Nichts, was sich In jenen unseligen Jahren ereignet hat, ist der für den Schmerz oder die Verzweiflung bestimmten Gehirnkammer entschwunden. Jeder gepreßte Ton Deiner Stimme, jedes Zupfen und jede Gebärde Deiner nervösen Hände, jedes bittre Wort, jeder vergiftete Satz ist mir gegenwärtig. Ich erinnre mich an die Straße oder den Fluß, an dem wir entlang gingen, an die Wand oder Waldung, die uns umgab, auf welcher Stelle des Zifferblattes die Zeiger der Uhr standen, welchen Weg die Schwingen des Windes wählten, an die Gestalt und Farbe des Mondes.

Ich weiß, es gibt auf alles, was ich zu Dir gesagt habe, eine Antwort, und die ist: daß Du mich geliebt, daß während der zweieinhalb Jahre, in denen die Parzen die Fäden unsrer getrennten Lebensschicksale zu einem einzigen scharlachroten Muster woben, Du mich wirklich geliebt hast. Jawohl, ich weiß, Du hast es getan. Einerlei, wie Du Dich gegen mich benahmst – ich fühlte stets, daß im Herzen Du mich wirklich liebtest. Wenn ich auch ganz klar einsah, daß meine Stellung in der Kunstwelt, das Interesse, das meine Persönlichkeit von jeher geweckt hatte, mein Geld, der Überfluß, in dem ich lebte, die tausenderlei Dinge, die dazu beitrugen, ein Leben in so reizender, wundervoller Weise unwahrscheinlich zu gestalten wie das meine, insgesamt und jedes einzeln die Elemente waren, die Dich fesselten und an mich kletteten – so gab es doch neben all dem noch etwas mehr, eine seltsame Anziehungskraft für Dich: Du hast mich weit inniger geliebt als irgendeinen andern Menschen. Aber auch Du hast, wie ich, eine schreckliche Tragödie in Deinem Leben gehabt, obwohl sie von entgegengesetzter Art wie die meine war. Willst Du erfahren, was sie gewesen ist? Dies: in Dir war der Haß immer stärker als die Liebe. Dein Haß gegen Deinen Vater war von solchem Wuchs, daß er Deine Liebe zu mir völlig überholte, über den Haufen rannte und in den Schatten stellte. Es fand überhaupt kein Kampf zwischen ihnen statt oder nur sehr wenig; von solchem Umfang und Riesenmaß war Dein Haß. Es kam Dir nicht zum Bewußtsein, daß für beide Leidenschaften in derselben Seele nicht Raum war. Sie können nicht in dem schönen, geschnitzten Haus zusammen wohnen. Die Liebe nährt sich von der Phantasie, durch die wir klüger werden, als wir wissen, besser, als wir fühlen, edler, als wir sind; durch die wir das Leben in seiner Gesamtheit sehn können; durch die und durch die allein wir andre in ihren realen wie in ihren idealen Beziehungen verstehn können. Nur Schönes und schön Ersonnenes kann die Liebe nähren. Aber alles nährt den Haß. Du hast in all den Jahren kein Glas Champagner getrunken, kein üppiges Gericht verzehrt, das Deinen Haß nicht genährt und gemästet hätte. Deshalb hast Du, um ihn zu befriedigen, mit meinem Leben gespielt wie mit meinem Gelde, sorglos, rücksichtslos, unbekümmert um die Folgen. Wenn Du verlorst, war es, wie Du wähntest, nicht Dein Verlust. Wenn Du gewannst, waren, wie Du wußtest, für Dich der Triumph und die Vorteile des Sieges.

Der Haß macht die Menschen blind. Das hast Du nicht bemerkt. Die Liebe kann Geschriebenes auf dem fernsten Gestirn lesen; aber der Haß hat Dich so blind gemacht, daß Du nicht weiter sehn konntest als bis zum engen, ummauerten und schon lustverblühten Garten Deiner alltäglichen Wünsche. Deine schreckliche Phantasielosigkeit, das eine wirklich verhängnisvolle Gebrechen Deines Wesens, war ganz und gar die Folge des Hasses, der in Dir lebte. Hinterlistig, lautlos und insgeheim. Haß hat an Deiner Natur genagt, wie die Flechte an der Wurzel einer blassen Pflanze beißt, bis Du allmählich nur noch die kärgsten Interessen und die kleinlichsten Zwecke sahst. Die Fähigkeit in Dir, deren Wachstum die Liebe gefördert haben würde, hat der Haß vergiftet und gelähmt. Als Dein Vater mich anzugreifen begann, tat er es zuerst als Dein Privatfreund, in einem Privatbrief an Dich. Sobald ich den Brief mit seinen unflätigen Drohungen und plumpen Gewalttätigkeiten gelesen hatte, sah ich sofort, daß eine schreckliche Gefahr am Horizont meiner beunruhigten Tage aufsteige. Ich sagte Dir, ich wolle nicht für euch beide in eurem alten Haß gegeneinander die Kastanien aus dem Feuer holen; ich in London sei natürlich viel edleres Wild für ihn als ein Sekretär des Auswärtigen Amts in Bad Homburg; es sei unbillig, mich auch nur einen Augenblick in eine solche Lage zu versetzen; ich hätte etwas besseres im Leben zu tun, als mich mit einem Manne herumzubalgen, der betrunken, deklassiert und halb blöde sei wie er. Du wolltest das nicht einsehn. Der Haß machte Dich blind. Du betontest, der Zwist hätte nichts mit mir zu schaffen; Du wollest Deinem Vater nicht gestatten, Dir in Deinen Privatfreundschaften Vorschriften zu machen; es wäre höchst unbillig von mir, mich einzumischen. Du hattest bereits, ehe Du mit mir in der Angelegenheit sprachst, Deinem Vater ein törichtes, pöbelhaftes Antworttelegramm geschickt. Das verpflichtete Dich natürlich alsdann zu törichter, pöbelhafter Handlungsweise. Die verhängnisvollen Irrtümer des Lebens sind nicht menschlicher Unvernunft zuzuschreiben. Ein unvernünftiger Augenblick kann unser schönster Augenblick werden. Sie sind dem Umstand zuzuschreiben, daß der Mensch logisch ist. Dazwischen liegt ein großer Unterschied. Jenes Telegramm bildete die Voraussetzung für Dein ganzes künftiges Verhältnis zu Deinem Vater und folglich auch für mein ganzes Leben. Und das Groteske daran ist, daß es ein Telegramm war, dessen sich der gemeinste Straßenjunge geschämt hätte. Von kecken Telegrammen zu pedantischen Anwaltbriefen war der natürliche Fortschritt, und die Folge der Briefe Deines Rechtsbeistands an Deinen Vater war, ihn noch weiter zu treiben. Du ließest ihm keine andre Wahl als weiterzugehn. Du zwangst es ihm als Ehrensache oder vielmehr Unehrensache auf, damit Deine Herausforderung um so mehr wirke. Das nächste Mal greift er mich also nicht mehr in einem Privatbrief und als Dein Freund, sondern öffentlich und als Mann der Öffentlichkeit an. Ich hab ihn aus meinem Hause zu jagen. Er geht von Restaurant zu Restaurant auf der Suche nach mir, um mich vor der ganzen Welt zu beschimpfen in einer Art und Weise, daß ich, wenn ich es ihm heimzahlte, vernichtet wäre und, wenn ich es ihm nicht heimzahlte, desgleichen vernichtet wäre. Da gewiß war es für Dich an der Zeit, hervorzutreten und zu sagen, Du wollest mich nicht um Deinetwillen so scheußlichen Angriffen, so niederträchtiger Verfolgung aussetzen, sondern gäbest gern und unverzüglich jeden Anspruch, den Du an meine Freundschaft hättest, auf. Das fühlst Du jetzt wohl. Aber damals ist Dir nie der Gedanke gekommen. Der Haß machte Dich blind. Alles, was Dir einfiel (ab gesehn davon, daß Du Deinem Vater beleidigende Briefe und Telegramme schriebst), war: Dir eine lächerliche Pistole zu kaufen, die im Berkeley losgeht unter Umständen, die einen schlimmeren Skandal hervorrufen, als Dir je zu Ohren kam. Tatsächlich schien Dich der Gedanke, daß Du der Gegenstand eines furchtbaren Streites zwischen Deinem Vater und einem Manne meiner Stellung sein solltest, zu entzücken. Er gefiel wohl, nur zu natürlich, Deiner Eitelkeit und schmeichelte Deinem Eigendünkel. Daß Dein Vater möglicherweise Deinen Leib, der mich nicht interessierte, zugesprochen bekam und mir Deine Seele überließ, die ihn nicht interessierte – das wäre für Dich eine schmerzliche Lösung der Frage gewesen. Du wittertest die Gelegenheit zu einem öffentlichen Skandal und stürztest Dich darauf. Die Aussicht auf einen Kampf, in dem Du geborgen warst, ergötzte Dich. Ich erinnre mich, Dich nie in besserer Stimmung getroffen zu haben, als Du für den Rest des Jahres warst. Deine einzige Enttäuschung schien es zu sein, daß nichts faktisch geschah und daß keine weitere Begegnung oder Rempelei zwischen uns stattgefunden hatte. Du tröstetest Dich damit, ihm Telegramme in solchem Tone zu schicken, daß der Elende Dir schließlich schrieb, er hätte seinen Dienstboten anbefohlen, ihm unter gar keinem Vorwand mehr Telegramme zu bringen. Das schüchterte Dich nicht ein. Du sahst die ungeheuren Möglichkeiten, die die offene Postkarte bietet, und machtest von ihnen in vollem Maße Gebrauch. Du hetztest ihn immer weiter auf der Jagd. Ich glaube nicht, daß er sie je wirklich abgebrochen hätte. Der Familieninstinkt war zu stark in ihm. Sein Haß gegen Dich war ebenso beharrlich wie Dein Haß gegen ihn, und ich war für euch beide das Schießpferd und zum Angriff ebenso geeignet wie zur Deckung. Seine Leidenschaft, von sich reden zu machen, war nicht bloß individuell, sondern ein Rassemerkmal. Immerhin, wäre sein Interesse einen Augenblick erschlafft, so würden Deine Briefe und Postkarten es bald wieder zur alten Flamme angefacht haben. Es gelang ihnen. Und er ging natürlich noch weiter. Nachdem er mich als Privatmann und privat, als Mann der Öffentlichkeit und öffentlich angegriffen hat, beschließt er zuguterletzt, seinen großen Endangriff auf mich, den Künstler, und zwar an der Stätte zu unternehmen, wo meine Kunst zur Darstellung gelangt. Er verschafft sich durch Betrug einen Platz zur Première eines meiner Stücke und ersinnt einen Anschlag, die Vorstellung zu stören, eine hundsföttische Rede gegen mich vor der Hörerschaft zu halten, meine Schauspieler zu beleidigen, anstößige oder unanständige Wurfgeschosse nach mir zu schleudern, wenn ich zum Schluß vor den Vorhang gerufen werde, um mich auf scheußliche Art durch mein Werk zu vernichten. Ganz von ungefähr, in der kurzen, zufälligen Aufrichtigkeit einer mehr als gewöhnlichen Rauschstimmung, rühmt er sich seiner Absicht vor andern. Die Polizei wird benachrichtigt, und man läßt ihn nicht ins Theater. Du hattest da Deine Chance. Da war die Gelegenheit für Dich. Fällt es Dir jetzt nicht bei, daß Du sie hättest sehn sollen und vortreten und sagen, meine Kunst wenigstens wollest Du Deinethalben nicht vernichten lassen? Du wußtest, was meine Kunst mir war: die große Hauptnote, durch die ich mich offenbart hatte, zuerst mir selbst, alsdann der Welt; die große Leidenschaft meines Lebens; die Liebe, neben der alle andern Äußerungen der Liebe wie Sumpfwasser neben rotem Weine waren oder wie der Glühwurm im Sumpfe neben dem magischen Spiegelbilde des Mondes. Begreifst Du noch immer nicht, daß Deine Phantasielosigkeit das eine wirklich verhängnisvolle Gebrechen Deines Wesens war? Was Du zu tun hattest, war ganz einfach und lag ganz klar vor Dir, aber der Haß machte Dich blind, und Du konntest nichts sehn. Ich konnte mich nicht bei Deinem Vater dafür entschuldigen, daß er mich beschimpft und nahezu neun Monate lang auf die widerlichste Weise verfolgt hatte. Ich konnte Dich aus meinem Leben nicht loswerden. Ich hatte es immer wieder versucht. Ich war soweit gegangen, England tatsächlich zu verlassen und ins Ausland zu reisen in der Hoffnung, Dir zu entrinnen. Alles hatte keinen Zweck gehabt. Du warst der Einzige, der etwas hätte tun können.

Der Schlüssel zur Lage ruhte durchaus bei Dir. Es war die eine große Gelegenheit, die Du hattest, mir einen kleinen Dank für all die Liebe und Freundlichkeit und Güte und Freigebigkeit und Pflege, die ich Dir erwiesen, abzustatten. Hättest Du mich auch nur zu einem Zehntel meines künstlerischen Wertes zu würdigen gewußt, Du hättest es getan. Aber der Haß machte Dich blind. Die Fähigkeit, »durch die und durch die allein wir andre in ihren realen wie in ihren idealen Beziehungen verstehn können«, war tot in Dir. Du dachtest einfach daran, wie Du Deinen Vater ins Gefängnis bringen könntest. Ihn auf der Anklagebank zu sehn – das war Deine einzige Idee. Der Ausdruck wurde eine der vielen »scies« Deiner täglichen Unterhaltung. Man bekam ihn bei jeder Mahlzeit zu hören. Nun wohl, Dein Wunsch ging in Erfüllung. Der Haß gab Dir jedes einzige Ding, das Du begehrtest. Er war Dir ein nachsichtiger Herr. Er ist's fürwahr allen, die ihm dienen. Zwei Tage saßest Du mit den Sheriffs auf hohem Sitz und weidetest Deine Augen am Anblick Deines Vaters, der auf der Anklagebank des Hauptkriminalgerichts saß. Und am dritten Tag nahm ich seinen Platz ein. Was war geschehn? In eurem widerlichen Haßspiel hattet ihr beide um meine Seele gewürfelt, und Du hattest durch Zufall verloren. Das war alles.

Du siehst, ich habe Dein Leben für Dich zu schreiben, und Du hast es zu begreifen. Wir kennen einander nun länger als vier Jahre. Die Hälfte der Zeit sind wir zusammen gewesen; die andre Hälfte hab ich im Gefängnis zubringen müssen als Folge unsrer Freundschaft. Wo Du diesen Brief erhalten wirst, falls er Dich überhaupt je erreicht, weiß ich nicht. Rom, Neapel, Paris, Venedig, eine schöne Stadt an der See oder einem Strom, beherbergt Dich, wie ich nicht zweifle. Du bist, wenn auch nicht mit all dem unnützen Überfluß, den Du bei mir hattest, so doch mit allem umgeben, was wonnesam für Auge, Ohr und Geschmack ist. Das Leben ist für Dich ganz allerliebst. Und doch, wenn Du klug bist und das Leben noch viel lieblicher finden willst und von andrer Beschaffenheit, dann wirst Du die Lektüre dieses schrecklichen Briefes – denn ich weiß, es ist ein solcher – zu einer so wichtigen Krise und einem Wendepunkt Deines Lebens werden lassen, wie es seine Niederschrift für mich ist. Dein blasses Gesicht pflegte durch Weingenuß oder vor Freude leicht zu erröten. Sollte es, wenn Du liest, was hier geschrieben steht, von Zeit zu Zeit vor Scham brennen wie unter Hochofenglut, dann wird es um so besser für Dich sein. Das höchste Laster ist Seichtheit. Alles, was zum Bewußtsein kommt, ist richtig.

Ich bin jetzt bis zur Untersuchungshaft gelangt – nicht wahr? Nachdem ich eine Nacht in Polizeigewahrsam geblieben, werde ich im grünen Wagen hingeschafft. Du warst sehr aufmerksam und gütig. Beinahe jeden Nachmittag, wenn nicht tatsächlich jeden Nachmittag bis zu Deiner Abreise ins Ausland, nahmst Du Dir die Mühe, vorzufahren und mich in Holloway zu besuchen. Du schriebst mir auch sehr liebe, freundliche Briefe. Aber daß nicht Dein Vater, sondern daß Du mich ins Gefängnis gebracht hattest, daß von Anfang bis zu Ende Du der Verantwortliche warst, daß durch Deine Schuld, für Dich und durch Dich ich dort war, das ist

Dir nie eine Sekunde lang aufgedämmert. Selbst der Anblick meiner Person hinter den Stäben eines hölzernen Käfigs vermochte diese tote, phantasiearme Natur nicht anzuregen. Du hattest das Mitgefühl und die Sentimentalität des Zuschauers, der vor einem überaus rührenden Stück sitzt. Daß Du der wahre Autor der scheußlichen Tragödie warst, fiel Dir nicht ein. Ich sah: von dem, was Du angerichtet hattest, kam Dir nichts zum Bewußtsein. Ich hatte keine Lust, der eine zu sein, der Dir sagt, was Dein eignes Herz Dir hätte sagen sollen, was es Dir auch gesagt hätte, wenn Du nicht den Haß es hättest verhärten und empfindungslos machen lassen. Alles muß einem aus der eignen Natur zuströmen. Es hat keinen Zweck, jemand etwas zu sagen, was er nicht fühlt und nicht verstehn kann. Wenn ich jetzt an Dich schreibe, wie ich es tue, so geschieht es? weil Dein eignes Schweigen und Verhalten während meiner langen Gefängniszeit es nötig gemacht haben. Außerdem, wie sich die Dinge gestaltet hatten, war der Hieb auf mich allein gefallen. Das war mir eine Freude. Ich gab mich damit zufrieden, für viele Ursachen zu leiden, obwohl von jeher für meine Augen, da ich Dich beobachtete, etwas nicht wenig Verächtliches in Deiner völligen, vorsätzlichen Blindheit lag. Ich erinnre mich, wie Du stolzerfüllt einen Brief hervorzogst, den Du in einem Sensationsblatt über mich veröffentlicht hattest. Es war eine sehr vorsichtige, gemäßigte, sogar alltägliche Arbeit. Du appelliertest an den »englischen Gerechtigkeitssinn«, oder etwas sehr Trauriges von dieser Gattung, zugunsten eines »Mannes, der am Boden lag«. Es war die Art Brief, die Du hättest schreiben können, wäre eine peinliche Anklage gegen eine ehrbare Person erhoben worden, mit der Du persönlich ganz unbekannt gewesen. Aber Du hieltest es für einen wunderbaren Brief. Du sahst darin einen Beweis fast abenteuerlicher Ritterlichkeit. Ich weiß, Du hast noch andre Briefe geschrieben an andre Zeitungen, die sie nicht abgedruckt haben. Doch dann sollten sie bloß berichten, daß Du Deinen Vater haßtest. Kein Hahn krähte danach, ob das der Fall war oder nicht. Der Haß – das hattest Du noch zu lernen – ist, intellektuell betrachtet, die ewige Verneinung. Vom Standpunkt des Gemüts aus betrachtet, ist er eine Form der Atrophie mit tödlichem Ausgang, nur nicht für sich selbst. An die Zeitungen zu schreiben, man hasse jemand, ist so, wie wenn man an die Zeitungen schreiben wolle, man habe eine geheime, schändliche Krankheit. Die Tatsache, daß der Mann, den Du haßtest, Dein eigner Vater war und daß das Gefühl gründlich erwidert wurde, machte Deinen Haß in keiner Weise vornehm oder schön. Wenn sie etwas bewies, so war es nur, daß es sich um eine angeborene Krankheit handelte.

Ich erinnre mich hinwiederum: als die Zwangsversteigerung über mein Haus verhängt und meine Bücher und Möbel mit Beschlag belegt und zum Verkauf ausgeboten wurden und der Bankrott vor der Tür stand, da schrieb ich Dir natürlich, um Dir davon Mitteilung zu machen. Ich erwähnte nicht, daß die Bezahlung etlicher meiner Spenden an Dich den Gerichtsvollzieher in das Haus gebracht hatte, in dem Du so oft gespeist. Ich dachte, mit Recht oder Unrecht, eine solche Nachricht werde Dich vielleicht ein wenig schmerzen. Ich sagte Dir nur die kahlen Tatsachen. Ich hielt es für schicklich, daß Du darum wissen solltest. Du antwortetest aus Boulogne in einem Ton fast lyrischen Frohlockens. Du schriebst, Du wissest, daß Dein Vater »schlecht bei Kasse« sei, daß er 1500 Pfund für die Kosten der Gerichtsverhandlung habe aufnehmen müssen und daß mein bevorstehender Bankrott ein »fabelhafter Triumph« über ihn sei, weil er dadurch nicht imstande sein werde, seine Spesen von mir hereinzubekommen! Begreifst Du jetzt, was der Haß, der einen blind macht, ist? Siehst Du ein, daß ich, als ich ihn eine in jedem Falle, nur nicht für sich selbst verderbliche Atrophie nannte, eine wirkliche, psychologische Tatsache wissenschaftlich beschrieb? – Daß alle meine reizenden Sachen verkauft werden sollten: meine Zeichnungen von Burne-Jones, von Whistler, mein Monticelli, meine Simeon Solomons, mein Porzellan, meine Bibliothek mit ihrer Sammlung von Widmungsexemplaren von fast allen Dichtern meiner Zeit: von Hugo bis Whitman, von Swinburne bis Mailand, von Morris bis Verlaine, mit ihren schön gebundenen Ausgaben der Werke meines Vaters und meiner Mutter, mit ihrer wundervollen Reihe von Universitäts- und Schulpreisen, ihren Luxusausgaben und dergleichen – das war schlechterdings nichts für Dich. Du sagtest, es öde Dich; das war alles. Du sahst darin nur die Möglichkeit, daß Dein Vater schließlich ein paar hundert Pfund verliere, und diese erbärmliche Auffassung erfüllte Dich mit ekstatischer Freude. Was die Prozeßkosten betrifft, so mag es Dich interessieren zu erfahren, daß Dein Vater im Orleans-Club offen erklärte, wenn ihn die Sache zwanzigtausend Pfund gekostet hätte, würde er das Geld für durchaus gut angewandt gehalten haben; er hätte davon so viel Genuß und Wohlbehagen und Triumph gehabt. Die Tatsache, daß er in der Lage war, nicht nur mich auf zwei Jahre ins Gefängnis zu bringen, sondern auch mich für einen Nachmittag herauszuholen und zum öffentlichen Bankrotteur zu machen, war eine extra raffinierte Freude, die er nicht erwartet hatte. Es war die Krönung meiner Demütigung und seines vollkommenen, einwandfreien Sieges. Hätte Dein Vater nicht seine Kosten von mir beanspruchen können, so würdest Du, das weiß ich nur zu gut, voll Mitgefühl, soweit es Worten gegeben ist, für den gänzlichen Verlust meiner Bibliothek, einen für einen Schriftsteller unersetzlichen Verlust, den für mich von allen meinen materiellen Verlusten betrüblichsten, gewesen sein. Du hättest sogar, im Angedenken an die Geldsummen, die ich im Übermaß für Dich ausgegeben, und daran, wie Du jahrelang von mir gelebt hattest, Dir vielleicht die Mühe genommen, einige meiner Bücher für mich zurückzukaufen. Die allerbesten gingen für weniger als 150 Pfund weg – ungefähr so viel, wie ich durchschnittlich in einer Woche für Dich ausgab. Aber die schadenfrohe Vorstellung, Dein Vater werde ein paar Groschen verlieren, ließ den Versuch gar nicht bei Dir aufkommen, mir einen kleinen Gegendienst zu leisten, der so unbedeutend, so leicht, so wenig kostspielig, so auf der Hand liegend und mir so ungeheuer erwünscht gewesen wäre, wenn Du ihn ausgeführt hättest. Hab ich nun recht, wenn ich sage, daß der Haß die Menschen blind macht? Siehst Du jetzt es ein? Wenn nicht, versuche, es zu sehn.

Wie klar ich es damals, so wie jetzt, sah, brauche ich Dir nicht zu erzählen. Aber ich sagte mir: ›Um jeden Preis muß ich mir die Liebe im Herzen erhalten. Wenn ich ohne Liebe ins Gefängnis gehe, was wird aus meiner Seele dann werden?‹ Die Briefe, die ich Dir damals aus Holloway schrieb, waren mein Bemühn, die Liebe meinem Wesen als Dominante zu erhalten. Ich hätte Dich, wenn ich gewollt hätte, mit bittern Vorwürfen in Stücke reißen können. Ich hätte Dich mit Flüchen zerschmettern können. Ich hätte Dir einen Spiegel vorhalten und ein Bild von Dir zeigen können, das Du nicht als Dein eignes erkannt hättest, bis Du ausfindig gemacht, daß es Deine grauenvollen Gebärden nachäffte, und dann hättest Du gewußt, wessen Gestalt es war, und hättest sie und Dich auf ewig gehaßt. Ja, noch mehr. Die Sünden eines Andern wurden mir zur Last gelegt. Hätte ich gewollt, ich hätte mich in beiden Verhandlungen auf seine Kosten retten können – zwar nicht vor der Schande, aber vor dem Gefängnis. Wäre es mir eingefallen zu zeigen, daß die Belastungszeugen – die drei wichtigsten – von Deinem Vater und seinem Rechtsbeistand sorgfältig instruiert waren, nicht bloß was sie zu verschweigen, sondern auch was sie auszusagen hätten in der Art, wie sie die Handlungen und Taten eines Andern vorsätzlich, abgekartet und einstudiert rundweg auf mich übertrugen – ich hätte es erreichen können, daß jeder einzelne von ihnen mit noch weniger Umständen vom Vorsitzenden aus dem Gerichtssaal entlassen worden wäre als der meineidige Lump Atkins. Ich hätte erhobenen Hauptes, die Hände in den Taschen, ein freier Mann hinausschreiten können. Man übte den stärksten Druck auf mich aus, es zu tun. Leute, deren einziges Interesse mein und meines Hauses Wohl war, rieten mir ernstlich zu, baten, beschworen mich. Aber ich lehnte es ab. Ich konnte mich nicht dazu verstehn. Ich habe meinen Entschluß niemals auch nur einen Augenblick bedauert, selbst nicht in den bittersten Zeiten meiner Haft. Eine solche Handlungsweise wäre unter meiner Würde gewesen. Die Sünden des Fleisches sind nichts. Es sind Krankheiten, die der Arzt heilt, wenn man sie überhaupt heilen lassen soll. Einzig die Sünden der Seele sind schmachvoll. Mir meine Freisprechung durch solche Mittel erwirkt zu haben, wäre zeitlebens eine Qual für mich gewesen. Aber glaubst Du wirklich, Du habest die Liebe verdient, die ich Dir damals erwies, oder ich hätte einen Augenblick geglaubt, daß Du sie verdientest? Glaubst Du wirklich, Du habest zu irgendeiner Zeit unsrer Freundschaft die Liebe verdient, die ich Dir erwies, oder ich hätte einen Augenblick geglaubt, daß Du sie verdientest? Ich habe gewußt, daß Du sie nicht verdienst. Doch Liebe feilscht nicht auf dem Marktplatz und benutzt nicht die Wage des Krämers. Ihre Freude ist, wie die Freude des Geistes: sich lebendig zu fühlen. Das Streben der Liebe ist: zu lieben – nicht mehr und nicht weniger. Du warst mein Feind, ein Feind, wie kein Mensch ihn je gehabt hat. Ich hatte Dir mein Leben geschenkt; um die allerniedrigsten, verächtlichsten menschlichen Leidenschaften zu befriedigen: Haß, Eitelkeit und Gier, hattest Du es weggeworfen. In weniger als drei Jahren hattest Du mich in jedem Betracht völlig vernichtet. In meinem eignen Interesse blieb mir nichts zu tun, als Dich zu lieben. Ich wußte: wenn ich mir gestattete, Dich zu hassen, dann würde in der trocknen Wüste des Daseins, durch die ich ziehn mußte und noch immer ziehe, jeder Fels seinen Schatten verlieren, jeder Palmbaum verdorren, jeder Wasserquell an seinem Ursprung vergiftet sein. Fängst Du nun an, ein wenig zu verstehn? Erwacht Deine Phantasie aus dem langen Todesschlaf, darin sie gelegen? Du weißt schon, was der Haß ist. Fängt es Dir aufzudämmern an, was die Liebe und was der Liebe Wesen ist? Es ist nicht zu spät für Dich, es zu erlernen, wenn ich auch, es Dich zu lehren, in die Sträflingszelle gehn mußte.

Nach meiner fürchterlichen Verurteilung, als ich Gefängniskleidung anhatte und das Gefängnishaus sich um mich schloß, saß ich unter den Trümmern meines wundervollen Lebens, von Angst zermalmt, vor Schreck verwirrt, durch Schmerz betäubt. Aber ich wollte Dich nicht hassen. Jeden Tag sagte ich mir: ›Ich muß mir heut im Herzen die Liebe bewahren; wie soll ich sonst den Tag überstehn?‹ Ich erinnerte mich daran, daß Du es nicht böse gemeint hast, mit mir wenigstens; ich bemühte mich zu denken, daß Du nur aufs Geratewohl einen Bogen abgeschnellt und daß der Pfeil einen König zwischen den Scharnieren seines Harnischs durchbohrt hatte. Dich abzuwägen gegen das kleinste meiner Leiden, den geringsten meiner Verluste, das wäre, wie ich fühlte, ungerecht gewesen. Ich beschloß, auch Dich als einen Dulder zu betrachten. Ich zwang mich in den Glauben, daß Dir endlich die Schuppen von den lange verblendeten Augen gefallen seien. Ich pflegte mir voll Schmerz vorzustellen, wie groß Dein Entsetzen gewesen sein müsse, als Du Deiner Hände schreckliches Werk anschautest. Es gab Zeiten, sogar in jenen dunklen Tagen, den dunkelsten meines ganzen Lebens, da es mich wahrhaft verlangte, Dich zu trösten; so sicher war ich, daß Dir endlich zum Bewußtsein gekommen sei, was Du getan hattest.

Es fiel mir da nicht bei, daß Du das höchste Laster: Seichtheit haben könnest. Ja, es war für mich ein wirklicher Kummer, als ich Dich das mußte wissen lassen. Ich sah mich genötigt, die erste Gelegenheit zum Empfang eines Briefes Familienzwecken aufzusparen; denn mein Schwager hatte mich benachrichtigt, wenn ich nur einmal an meine Frau schreiben möchte, würde sie, um meinetwillen und unsrer Kinder wegen, keine Ehescheidungsklage einreichen. Ich fühlte: meine Pflicht war, das zu tun. Von andern Gründen zu schweigen, konnte ich den Gedanken der Trennung von Cyril nicht ertragen, diesem meinem schönen, liebreichen, liebenswerten Kinde, meinem Freund von allen Freunden, meinem Gefährten über alle Gefährten hinaus; ein einziges Haar von seinem goldnen Köpfchen hätte mir teurer und wertvoller sein sollen als – ich will nicht sagen: Du vom Scheitel bis zur Zehe, doch als der ganze Chrysolith der gesamten Welt, war es mir in der Tat auch immer, wiewohl ich zu spät erst es verstand.

Zwei Wochen nach Deinem Annäherungsversuch erhalte ich Nachricht über Dich. Robert Sherard, dieses tapferste und ritterlichste aller prächtigen Geschöpfe, besucht mich und sagt mir unter anderen, Du gingest damit um, in dem lächerlichen »Mercure de France« mit seiner albernen Ziererei, der wahre Mittelpunkt literarischer Korruption zu sein, einen Aufsatz über mich nebst Proben aus meinen Briefen zu veröffentlichen. Er fragt mich, ob es wirklich auf meinen Wunsch geschehe. Ich war höchlich erstaunt und sehr verärgert und gab Auftrag, der Sache sofort Einhalt zu tun. Du hattest meine Briefe herumliegen lassen, so daß erpresserische Gesellen sie stehlen, Hoteldiener stibitzen, Hausmädchen verkaufen konnten. Das war einfach Dein Leichtsinn, weil es Dir an Wertschätzung für das gebrach, was ich Dir geschrieben hatte. Aber daß Du im Ernst daran dachtest, Auszüge aus den übrigen zu veröffentlichen, war fast unglaublich für mich. Und welche meiner Briefe waren es? Ich konnte nichts Näheres erfahren. Das war meine erste Kunde von Dir. Sie mißfiel mir.

Die zweite Nachricht ließ nicht lange auf sich warten. Die Anwälte Deines Vaters hatten sich im Gefängnis eingefunden und machten mir die gerichtliche Eröffnung meines Konkurses wegen lumpiger 700 Pfund, die ihre Kostenaufstellung betrug. Man erklärte mich als zahlungsunfähigen Schuldner und ordnete an, ich solle dem Gericht vorgeführt werden. Ich hatte das sehr starke Gefühl, habe es noch und will auf die Sache zurückkommen, daß diese Kosten hätten von Deiner Familie bezahlt werden sollen. Du hattest persönlich die Verantwortung auf Dich genommen, indem Du die Erklärung abgabst, Deine Angehörigen würden es tun. Dies hatte den Anwalt bewogen, den Fall zu übernehmen in der Art, wie er es tat. Du warst durchaus verantwortlich. Auch unabhängig von Deiner verpflichtenden Zusage für Deine Angehörigen hättest Du das Gefühl haben müssen: da Du mich ins Verderben gestürzt hattest, so war das Mindeste, das man hätte tun können, mir die weitere Schande des Bankrotts zu ersparen wegen einer schlechterdings verächtlichen Summe, weniger als die Hälfte von dem, was ich in drei kurzen Sommermonaten in Goring für Dich ausgegeben habe. Doch davon hier nicht mehr. Ich empfing, wie ich nicht leugne, durch den Bürovorsteher des Anwalts eine Botschaft von Dir betreffs der Sache oder doch in Verbindung mit dem Anlaß. An dem Tag, als er kam, um meine Darlegungen und Angaben in Empfang zu nehmen, beugte er sich über den Tisch – der Gefängniswärter war zugegen –, und nachdem er in ein Stück Papier, das er aus der Tasche zog, gesehn, sagte er zu mir mit leiser Stimme: »Prinz Fleur de Lys läßt Sie grüßen«. Ich starrte ihn an. Er wiederholte die Botschaft. Ich wußte nicht, was er meinte. »Der Herr ist gegenwärtig im Ausland«, fügte er geheimnisvoll hinzu. Da wurde mir alles blitzartig klar, und ich weiß noch, daß ich zum ersten und letztenmal in meiner ganzen Gefängniszeit lachte. In diesem Lachen war alle Verachtung aller Welt. Prinz Fleur de Lys! Ich sah – und spätere Ereignisse zeigten mir, daß ich recht sah –: nichts, was sich zugetragen hatte, war Dir zum Bewußtsein gekommen. Du warst in Deinen Augen immer noch der anmutige Prinz einer trivialen Komödie, nicht die düstre Gestalt eines tragischen Schauspiels. Alles, was vorgefallen, war wie eine Feder nur für das Barett, das einen beschränkten Kopf schmückt, eine Blume ins Wams zu stecken, worunter ein Herz schlägt, das der Haß, der Haß allein, wärmen kann, das die Liebe, die Liebe allein, kalt findet. Prinz Fleur de Lys! Du hattest gewiß ganz recht, unter angenommenem Namen mit mir in Verbindung zu treten. Ich selbst hatte damals überhaupt keinen Namen. In dem großen Gefängnis, worin ich damals eingekerkert war, war ich bloß die Zahl und der Buchstabe einer kleinen Zelle in einem langen Gang, eine von tausend leblosen Nummern wie eines von tausend leblosen Leben. Aber es gab sicherlich viele wirkliche Namen in der wirklichen Geschichte, die weit besser zu Dir gepaßt und an denen ich sogleich Dich unschwer erkannt hätte. Ich vermutete Dich nicht unter dem Flitter eines schimmernden Visiers, das nur für ein kurzweiliges Maskenfest passend war. Ach, wäre Deine Seele, wie um ihrer eignen Vollendung willen sie es hätte sein sollen, von Leid verwundet, von Gewissensbissen gebeugt und vor Gram demütig gewesen, sie hätte nicht solche Vermummung gewählt, in ihrem Schatten Eingang zum Haus des Schmerzes zu suchen. Die großen Dinge des Lebens sind, was sie scheinen, und aus diesem Grunde, so seltsam es Dir klingen mag, oft schwer zu deuten. Aber die kleinen Dinge des Lebens sind Symbole. Durch sie erhalten wir am leichtesten unsre bittern Lehren. Die anscheinend zufällige Wahl eines fingierten Namens war symbolisch und wird es bleiben. Er hat Dich verraten.

Sechs Wochen später trifft eine dritte Nachricht ein. Ich werde aus dem Spital geholt, wo ich elend krank lag, um durch den Gefängnisdirektor eine besondere Botschaft von Dir zu erhalten. Er liest mir einen an ihn gerichteten Brief vor, worin Du Mitteilung machtest, Du habest vor, einen Aufsatz über den »Fall Oscar Wilde« im »Mercure de France« zu veröffentlichen (einer Zeitschrift, die, wie Du aus einem merkwürdigen Grunde hinzufügtest, »der englischen Fortnightly Review entspricht«) und seist begierig, meine Erlaubnis zur Veröffentlichung zu erlangen; es handle sich um Proben und eine Auswahl von …was für Briefen? Den Briefen, die ich aus dem Holloway-Gefängnis an Dich geschrieben hatte; den Briefen, die Du heilig und geheim hättest halten sollen, mehr als irgendetwas auf der ganzen Welt! Das waren tatsächlich die Briefe, die Du herausgeben wolltest, damit der schlaffe Dekadent sie anstaune, der gierige Feuilletonist sie ausschlachte, die kleinen Löwen des Quartier Latin das Maul aufrissen und sie verschlängen. Hätte nichts in Deinem Herzen gegen so gemeinen Frevel aufgeschrien, so hättest Du zum mindesten an das Sonett denken sollen, das einer schrieb, der mit solchem Schmerz

und Hohn zusah, wie die Briefe von John Keats in London öffentlich versteigert wurden, und
hättest endlich die wahre Bedeutung meiner Verse verstehn sollen:

»Der, glaub’ ich, ist für Kunst erkaltet,
der den Kristall des Dichterherzens spaltet,
daß ekle Augen glotzend danach spähn.«

Denn was sollte Dein Aufsatz dartun? Daß ich Dich zu gerne gehabt hatte? Die Tatsache war
ja dem pariser gamin bekannt. Sie lesen alle die Zeitungen, und die meisten von ihnen schreiben
dafür. Daß ich ein Genie war? Die Franzosen verstanden das und die besondre Art meines Genies
viel besser, als Du es tatest oder als man es von Dir hätte erwarten können. Daß Hand in Hand
mit dem Genie oft eine eigentümliche Perversität der Leidenschaft und des Verlangens geht?
Vortrefflich; aber der Gegenstand kommt eher einem Lombroso als Dir zu. Außerdem findet
sich die vorliegende pathologische Erscheinung auch bei solchen, die kein Genie besitzen. Daß
ich in Deinem Haßkrieg gegen Deinen Vater jedem von euch zugleich Schild und Waffe war?
Nein, mehr: daß auf der scheußlichen Jagd nach meinem Leben, die einsetzte, als der Krieg
vorbei war, Dein Vater mich nie hätte zur Strecke bringen können, wäre mein Fuß nicht schon in
Deinen Netzen gewesen? Ganz richtig; aber ich höre, Henri Bauer hat das schon ausgezeichnet
gesagt. Zur Bestätigung seiner Ansicht, falls das Dein Vorhaben gewesen, brauchtest Du nicht
meine Briefe zu veröffentlichen – wenigstens nicht die aus Holloway geschriebenen.

Wirst Du auf meine Fragen erwidern, ich selbst hätte Dich in einem meiner Briefe aus Holloway gebeten, Du möchtest, soweit Du dazu imstande wärest, den Versuch machen, mich bei
einem kleinen Teil der Welt ein wenig ins rechte Licht zu setzen? Gewiß, ich hab es getan.
Bedenke, wie und warum ich in diesem Augenblick hier bin. Glaubst Du, ich sei hier wegen
meiner Beziehungen zu den Zeugen in meinem Prozeß? Meine Beziehungen, die wirklichen
oder vermeintlichen, zu Leuten jenes Schlages waren von keinem Interesse, weder für die Re-
gierung noch die Gesellschaft. Man wußte davon nichts und fragte noch weniger danach. Ich
bin hier, weil ich versucht habe, Deinen Vater ins Gefängnis zu bringen. Mein Unterfangen
schlug fehl, selbstverständlich. Mein Anwalt legte die Verteidigung nieder. Dein Vater drehte
den Spieß um und brachte mich ins Gefängnis, wo ich noch bin. Deshalb fühlt man gegen
mich Verachtung. Deshalb verhöhnen mich die Menschen. Deshalb muß ich jeden Tag, jede
Stunde, jede Minute meiner schrecklichen Gefängniszeit absitzen. Deshalb wurden meine Ge-
suche abschlägig beschieden.

Du warst der einzige, der, ohne sich irgendwie dem Spott, einer Gefahr oder einem Tadel
auszusetzen, der ganzen Angelegenheit eine andre Farbe hätte geben, die Sache in ein unter-
schiedliches Licht rücken, bis zu einem gewissen Grade zeigen können, wie die Dinge wirklich
lagen. Ich hätte selbstverständlich nicht erwartet oder auch nur gewünscht, daß Du angegeben
hättest, wie und zu welchem Zweck Du meinen Beistand in Deinen Oxforder Unannehmlichkeiten gesucht hast oder wie und zu welchem Zweck, falls Du überhaupt einen hattest, Du
nahezu drei Jahre mir faktisch nie von der Seite gewichen bist. Meine ständigen Versuche, eine
Freundschaft abzubrechen, die für mich als Künstler, als Mann von Stellung, sogar als Mitglied
der Gesellschaft so verderblich war, hätten nicht so genau gebucht zu werden brauchen, wie sie
hier aufgezeichnet sind. Ich hätte auch nicht verlangt, daß Du die Szenen beschriebest, die Du
in fast eintöniger Weise wiederholt hast; oder daß Du Deine wundervolle Reihe von Telegrammen an mich in ihrer sonderbaren Mischung von Romantik und Finanz abdrucktest; oder daß
Du die empörenderen oder herzloseren Stellen aus Briefen anführtest, wozu ich gezwungen war.
Immerhin, ich dachte, es wäre gut gewesen, für Dich sowohl wie für mich, wenn Du Verwah-
rung eingelegt hättest gegen Deines Vaters Lesart von unsrer Freundschaft – eine Lesart, nicht
minder grotesk als giftig und in ihren Dich betreffenden Folgerungen ebenso albern wie entehrend mit Bezug auf mich. Sie ist jetzt tatsächlich historisch geworden; wird zitiert, geglaubt,
gebucht; der Pastor hat sie zu seinem Text, der Moralprediger zu seinem unfruchtbaren Thema
genommen; und ich, der bei allen Menschenaltern Anklang fand, mußte meinen Urteilsspruch
hinnehmen von einem, der ein Affe und ein Hanswurst ist. Ich habe in diesem Brief, nicht
ohne Verbitterung, wie ich zugebe, gesagt, darin liege die Ironie der Dinge, daß Dein Vater

als Held eines Traktätchens weiterlebe; daß Du mit dem Kinde Samuel auf einer Stufe stehest; und daß mein Platz zwischen Gilles de Retz und dem Marquis de Sade sei. So ist es wohl am besten. Ich will mich nicht darüber beklagen. Eine der vielen Lehren, die man dem Gefängnis verdankt, ist die: daß die Dinge sind, was sie sind, und es in alle Zukunft bleiben werden. Ich zweifle auch nicht im geringsten daran, daß der mittelalterliche Wüstling und der Verfasser der »Justine« bessere Gesellschafter sind als Sandford und Merton.

Aber zu der Zeit, als ich Dir schrieb, empfand ich, daß es in unser beider Interesse gut, zweckmäßig, richtig sei, uns nicht bei der Darstellung zu beruhigen, die Dein Vater durch seinen Rechtsbeistand zur Erbauung einer philisterhaften Welt hatte abgeben lassen, und deshalb bat ich Dich, etwas zu erdenken und zu schreiben, was der Wahrheit näher komme. Es wäre wenigstens besser für Dich gewesen, als etwas über das häusliche Leben Deiner Eltern für die französischen Zeitungen hinzukritzeln. Was fragten die Franzosen danach, ob Deine Eltern ein glückliches Familienleben geführt hatten oder nicht! Ein für sie uninteressanterer Gegenstand ist schwer erfindlich. Was sie dagegen interessierte, war, wie ein Künstler meines Ranges, einer, der durch die Lehre und Bewegung, die er verkörperte, hervorragenden Einfluß auf die Richtung französischen Denkens ausgeübt hatte, nach einem solchen Leben, wie er es geführt, einen solchen Prozeß hatte führen können. Hättest Du Dir für Deinen Aufsatz vorgenommen, die (wie ich fürchte: zahllosen) Briefe zu veröffentlichen, worin ich zu Dir von dem Verderben, das Du über mein Leben brachtest, gesprochen hatte; von dem Wahnsinn der Wutanfälle, die Du Gewalt über Dich gewinnen ließest, zu Deinem eignen wie zu meinem Schaden; von meinem Wunsch oder vielmehr Entschluß, eine für mich in jeder Art so verhängnisvolle Freundschaft zu beenden: ich hätte es verstehn können, wenn ich auch die Veröffentlichung solcher Briefe nicht gestattet hätte. Als Deines Vaters Anwalt mich bei einem Widerspruch fassen wollte und einen von mir im März 1895 an Dich geschriebenen Brief dem Gericht plötzlich vorlegte – ich erklärte darin: eher als eine Wiederholung der scheußlichen Auftritte zu dulden, an denen Du anscheinend so schreckliches Wohlgefallen fändest, sei ich bereit, »mich von jedem Erpresser in London schröpfen zu lassen« – da war es ein wirklicher Kummer für mich, daß diese Seite meiner Freundschaft mit Dir versehentlich gemeinen Blicken enthüllt wurde. Aber daß Du so schwer von Begriffen warst, so bar jedes Feingefühls und so stumpf im Erfassen des Seltenen, Zarten, Schönen, daß Du selbst die Briefe herauszugeben vorhattest, in denen und durch die ich den Geist und die Seele der Liebe lebendig zu erhalten suchte, damit sie in meinem Körper während der langen Jahre der Demütigung für diesen Körper wohnen könne – das war und ist noch für mich eine Quelle des tiefsten Schmerzes, der heftigsten Enttäuschung. Warum Du es tatest, weiß ich leider nur zu gut. Machte der Haß Deine Augen blind, so nähte die Eitelkeit Deine Augenlider mit eisernen Fäden zusammen. Die »Fähigkeit, durch die und durch die allein man andre in ihren realen wie in ihren idealen Beziehungen verstehn kann«, die hatte Dein enger Egoismus abgestumpft und langer Mißbrauch unwirksam gemacht. Die Phantasie lag ebensosehr im Gefängnis wie ich. Die Eitelkeit hatte die Fenster vergittert, und der Wärter hieß Haß.

All das hat sich in der ersten Novemberhälfte des vorletzten Jahres zugetragen. Ein breiter Lebensstrom fließt zwischen mir und einem so entfernten Zeitpunkt. Kaum, wenn überhaupt, kannst Du einen so weiten Zwischenraum überblicken. Mir aber kommt es vor, als war es mir, ich will nicht sagen: gestern, nein, heute zugestoßen. Leiden ist ein sehr langer Augenblick. Es läßt sich nicht nach Jahreszeiten abteilen. Wir können nur seine Stimmungen aufzeichnen und ihre Wiederkehr buchen. Für uns schreitet die Zeit selbst nicht fort. Sie dreht sich. Sie scheint um einen Mittelpunkt zu kreisen: den Schmerz. Die lähmende Unbeweglichkeit eines Lebens, das in allem und jedem nach einer unverrückbaren Schablone geregelt ist, so daß wir essen und trinken und spazieren gehn und uns hinlegen und beten oder wenigstens zum Gebet niederknien nach den unabänderlichen Satzungen einer eisernen Vorschrift: diese Unbeweglichkeit, die jeden Tag mit seinen Schrecken bis auf die kleinste Einzelheit seinem Bruder gleichen läßt, scheint sich den äußern Gewalten mitzuteilen, deren ureignes Wesen der beständige Wechsel ist. Von Saat und Ernte, von den Schnittern, die sich über das Getreide neigen, von den Winzern, die sich durch die Rebstöcke schlängeln, von dem Gras im Garten, über das sich die weiße Decke der abgefallenen Blüten breitet oder die reifen Früchte ausgestreut sind: davon wissen wir nichts und können nichts wissen.

Für uns gibt es nur eine Jahreszeit: die Jahreszeit des Grams. Die Sonne selbst und der Mond scheinen uns genommen. Draußen mag der Tag in blauen und goldnen Farben leuchten – das Licht, das zu uns hereinkriecht durch das dicht beschlagene Glas des kleinen, mit Eisenstäben vergitterten Fensters, unter dem wir sitzen, ist grau und karg. In unsrer Zelle herrscht stets Zwielicht, in unserm Herzen Mitternacht. Und im Bereich des Denkens stockt, ebenso wie im Kreislauf der Zeit, alle Bewegung. Was Du persönlich längst vergessen hast oder leicht vergessen kannst, trifft mich heut und wird mich morgen wiederum treffen. Das bedenke, und Du vermagst ein wenig zu verstehn, warum ich schreibe und so schreibe.

Eine Woche später schafft man mich hierher. Drei Monate verstreichen, da stirbt meine Mutter. Du weißt, niemand weiß es besser, wie sehr ich sie geliebt und verehrt habe. Ihr Tod war mir furchtbar; aber ich, einst der Sprache Meister, finde nicht Worte, meinen Kummer und meine Beschämung auszudrücken. Niemals, nicht einmal in den glücklichsten Tagen meiner künstlerischen Entwicklung, war ich imstande gewesen, Worte zu finden, die eine so erhabene Last hätten tragen oder wohllautend und hoheitsvoll genug im purpurnen Zuge meines unaussprechlichen Wehs hätten einherschreiten können. Von ihr und meinem Vater hatte ich einen Namen geerbt, dem sie Ruhm und Ehre verschafft, nicht nur in der Literatur, Kunst, Archäologie und Naturwissenschaft, sondern auch in der politischen Geschichte meines Vaterlands, in seiner nationalen Entwicklung. Ich hatte diesen Namen für ewig geschändet. Zu einem gemeinen Schimpfworte bei gemeinen Menschen gemacht. In den Schlamm gezerrt. Rohen Gesellen ausgeliefert, daß sie ihn verrohen lassen durften. Verrückten, daß er ihnen gleichbedeutend mit Verrücktheit werden durfte. Was ich damals gelitten habe und noch leide, kann keine Feder schreiben, kein Buch künden. Meine Frau, die in jenen Tagen sehr gütig und liebenswert gegen mich war, wollte es mir ersparen, daß ich die Nachricht von gleichgültigen Menschen, von fremden Lippen hörte, und kam trotz ihrem Kranksein den ganzen Weg von Genua nach England gereist, um mir die Botschaft eines so unersetzlichen, so unermeßlichen Verlustes selbst zu überbringen. Von allen, die mir noch zugetan waren, erreichten mich Beileidskundgebungen. Sogar Leute, die mich nicht persönlich gekannt hatten, ließen mir, als sie hörten, daß ein neuer Schmerz in mein Leben getreten sei, den Ausdruck ihres Anteils übermitteln.

Drei Monate verstreichen. Der tägliche Ausweis über meine Führung und Arbeit, der draußen an der Tür meiner Zelle hängt – auch mein Name und mein Urteil stehn darauf –, sagt mir, es ist Mai.

Meine Freunde kommen wieder zu Besuch. Ich erkundige mich, wie stets, nach Dir. Man erzählt mir, Du seist in Deiner Villa in Neapel und wollest einen Band Gedichte herausbringen. Am Schluß der Unterredung wird zufällig erwähnt, Du wollest ihn mir widmen. Die Neuigkeit trieb mir gradezu den Lebensekel hoch. Ich sagte nichts, ging aber schweigend, Verachtung und Hohn im Herzen, in meine Zelle zurück. Wie konntest Du Dir es träumen lassen, mir einen Band Gedichte zu widmen, ohne mich erst um Erlaubnis zu fragen? Träumen, sage ich? Wie konntest Du Dich unterstehn, etwas derartiges zu tun? Wirst Du darauf zur Antwort geben, in den Tagen meiner Größe und meines Ruhms hätte ich eingewilligt, die Widmung Deines Frühwerks anzunehmen? Gewiß hab ich das getan, genau so wie ich mir die Huldigung jedes andern jungen Mannes, der mit der schweren und schönen Kunst der Literatur beginnt, hätte gefallen lassen. Jede Huldigung ist für den Künstler köstlich und doppelt angenehm, wenn die Jugend sie darbringt. Der Lorbeer welkt, wenn ihn bejahrte Hände pflücken. Nur die Jugend hat das Recht, einen Künstler zu krönen. Darin liegt der wahre Vorzug, jung zu sein, wenn es die Jugend nur wüßte. Aber die Tage der Erniedrigung und Schande sind von denen der Größe und des Ruhms verschieden. Das hattest Du noch zu lernen.

Glück, Wohlleben und Erfolg mögen von rauher Oberfläche und aus gemeinem Stoffe sein: das Leid ist das Zarteste in aller Schöpfung. Es gibt nichts in der ganzen geistigen Welt, an das der Schmerz mit seinem schrecklichen, überaus feinen Pulsschlag nicht heranreicht. Das dünne, ausgehämmerte Zittergoldblättchen, das die Richtung der dem Auge nicht wahrnehmbaren Kräfte anzeigt, ist im Vergleich damit grob. Das Leid ist eine Wunde, die zu bluten anfängt, wenn eine andre Hand als die der Liebe daran rührt, und selbst dann von neuem bluten muß, wenn auch nicht vor Schmerz.

Du konntest doch an den Direktor des Gefängnisses in Wandsworth schreiben und mich um Erlaubnis bitten zur Veröffentlichung meiner Briefe im »Mercure de France«, »der unsrer englischen Fortnightly Review entspricht«. Warum nicht an den Direktor des Gefängnisses in Reading schreiben und mich um Erlaubnis zur Widmung Deiner Gedichte bitten, eine wie phantastische Beschreibung von ihnen zu geben Dir auch beliebt hätte? Geschah es, weil in dem einen Fall ich der betreffenden Zeitschrift untersagt hatte, Briefe zu veröffentlichen, deren Urheberrechte, wie Dir selbstverständlich vollkommen bekannt war, durchaus bei mir ruhten und noch ruhn, während in dem andern Fall Du dachtest, Du könnest Dein eigenmächtiges Vorgehn auskosten, ohne daß ich etwas davon erführe, bis es zum Eingreifen zu spät sei? Die bloße Tatsache, daß ich ein entehrter, vernichteter und zu Gefängnis verurteilter Mann war, hätte Dich, wenn Du meinen Namen auf die erste Seite Deines Werkes zu setzen wünschtest, es von mir als Gunst, Auszeichnung, Vorrecht erbitten lassen sollen. Das ist die Art, an Menschen heranzutreten, die im Unglück sind und in Schande sitzen.

Wo Leid ist, da ist geweihte Erde. Eines Tages wird die Menschheit begreifen, was das heißt. Vorher weiß sie nichts vom Leben. Robbie und Wesen seiner Art können es ermessen. Als ich zwischen zwei Polizisten aus dem Zuchthaus vor den Konkursgerichtshof geführt wurde, da wartete Robbie in dem langen, düstern Korridor, um zum Erstaunen der ganzen Menge, die ob einer so lieben, schlichten Handlung verstummte, ernst den Hut vor mir abzuziehn, während ich in Handschellen gesenkten Hauptes an ihm vorüberging. Um kleinerer Dienste willen sind Menschen in den Himmel gekommen. Von diesem Geiste beseelt, von solcher Liebe erfüllt, knieten die Heiligen nieder, um den Armen die Füße zu waschen, neigten sie sich, um den Aussätzigen auf die Wange zu küssen. Ich habe nie ein Wort darüber zu ihm gesagt. Bis zur Stunde weiß ich nicht einmal, ob er eine Ahnung hat, daß ich seine Handlungsweise überhaupt bemerkte. Dafür kann man nicht in förmlichen Worten förmlichen Dank aussprechen. In der Schatzkammer meines Herzens lasse ich es lagern. Dort bewahr ich es als eine geheime Schuld, die ich zu meiner Freude wahrscheinlich nie zurückzahlen kann. Dort ist es einbalsamiert und behält sein liebliches Aussehn durch die Myrrhen und Narden vieler Tränen. Wenn alle Klugheit mir wertlos, die Philosophie unfruchtbar und die Redensarten und Sprüche derer, die mich zu trösten suchten, wie Staub und Asche im Munde erschienen, dann hat mir die Erinnrung an diesen kleinen, holden, stummen Akt der Liebe alle Brunnen des Mitleidens rauschen, die Wüste wie eine Rose aufblühn lassen, mich aus der Bitternis der einsamen Verbannung herausgehoben und in Einklang gebracht mit dem verwundeten, gebrochnen, großen Weltenherz. Wer fähig ist zu begreifen, nicht allein, wie schön Robbies Handlungsweise war, sondern warum sie mir so viel bedeutete und immer so viel bedeuten wird, der kann vielleicht einsehn, wie und mit welcher Gesinnung er mir nahen sollte.

Der erste Gedichtband, den ein junger Mensch im Lenze seines Mannesalters in die Welt hinausschickt, soll wie eine Frühlingsblüte oder -blume sein, wie der Hagedorn auf den Wiesen Oxfords oder wie die Primeln auf den Feldern Cumnors. Das Werk soll nicht mit dem Gewicht einer schrecklichen, empörenden Tragödie, eines schrecklichen, empörenden Skandals belastet sein. Hätte ich einem solchen Buche meinen Namen als Herold dienen lassen, es wäre ein schwerer künstlerischer Irrtum gewesen; es hätte das ganze Werk in ein falsches Milieu gestellt, und in der modernen Kunst hat das Milieu so großen Wert. Das moderne Leben ist kompliziert und relativ; dies sind seine beiden unterscheidenden Merkmale. Um das erste wiederzugeben, bedürfen wir des Milieus mit seinen zarten Nuancen und Andeutungen, seinen seltsamen Perspektiven; das zweite verlangt Hintergrund. Deswegen ist die Plastik für uns keine repräsentierende Kunst mehr, ist es die Musik, ist, war und wird die Literatur stets die höchste repräsentierende Kunst bleiben.

Ich habe so ausführlich über diese Sache zu Dir gesprochen, damit Du ihre volle Tragweite erfaßt und verstehst, warum ich an Robbie auf der Stelle in Ausdrücken solchen Hohnes und der Geringschätzung über Dich schrieb, die Widmung rundweg verbot und den Wunsch äußerte, die auf Dich bezüglichen Worte sollten sorgfältig abgeschrieben und Dir geschickt werden. Ich fühlte, die Zeit war endlich gekommen, daß man Dich von dem, was Du angerichtet, ein wenig sehn, erkennen, begreifen lassen müsse. Blindheit kann so weit getrieben werden, daß sie grotesk wirkt, und eine phantasiearme Natur wird sich, wenn nicht etwas geschieht, sie aufzurütteln, zu völliger Fühllosigkeit versteinern: der Leib mag noch essen und trinken und seine Freuden haben, doch die Seele, deren Haus er ist, stirbt völlig ab, wie die Seele des Branca d'Oria bei Dante. Mein Brief ist offenbar nicht eine Minute zu früh gekommen. Er traf Dich, soweit ich urteilen kann, wie ein Donnerkeil. Du nanntest Dich in Deiner Antwort an Robbie »unfähig zum Denken und Darstellen«. In der Tat, Dir fällt, scheint es, nichts besseres ein, als Dich schriftlich bei Deiner Mutter zu beklagen. Sie natürlich, mit der Blindheit für Dein wahres Wohl, die ihr und Dein unseliges Schicksal gewesen ist, gewährt Dir jeden erdenklichen Trost und lullt Dich wieder in Deinen früheren unglücklichen, unwürdigen Zustand ein. Was mich dagegen betrifft, so läßt sie meine Freunde wissen, sie sei »sehr ungehalten« über meine strengen Bemerkungen an Deine Adresse. Ja, nicht nur meinen Freunden drückt sie ihre Gefühle der Ungehaltenheit aus, sondern auch denen, die nicht meine Freunde sind – eine sehr viel größere Zahl, wie ich Dich kaum zu erinnern brauche; und ich erfahre jetzt, und zwar durch Mittelspersonen, die Dir und den Deinen sehr wohl gesinnt sind, daß infolgedessen ein gut Teil des Mitgefühls, das auf Grund meiner hervorragenden Begabung und meiner schrecklichen Leiden langsam aber sicher für mich aufgekommen war, mir gänzlich entzogen worden ist. Die Leute sagen: »Aha! erst hat er den gütigen Vater ins Gefängnis zu bringen versucht, was ihm nicht gelungen ist; jetzt wendet er das Blättchen um und legt dem unschuldigen Sohn den Fehlschlag zur Last. Wie recht hatten wir doch, ihn zu verabscheun! Wie sehr verdient er unsre Mißachtung!« Es will mir scheinen: wenn man in Gegenwart Deiner Mutter meinen Namen erwähnt und sie kein Wort des Leids oder des Bedauerns für ihren Anteil – keinen geringen – an dem Zusammenbruch meines Hauses hat, so wäre es schicklicher, sie schwiege. Und was Dich angeht – glaubst Du jetzt nicht, daß es, statt sich schriftlich bei ihr zu beschweren, für Dich in jeder Beziehung besser gewesen wäre, Du hättest an mich direkt geschrieben und den Mut gehabt, mir alles zu sagen, was Du zu sagen hattest oder wähntest?

Es ist jetzt fast ein Jahr her, seit ich jenen Brief geschrieben habe. Du kannst nicht während der ganzen Zeit »unfähig zum Denken und Darstellen« geblieben sein. Warum hast Du mir nicht geschrieben? Du sahst aus meinem Brief, wie tief verletzt, wie schändlich behandelt ich mich durch Dein gesamtes Verhalten fühlte. Mehr als das: Du sahst Deine ganze Freundschaft mit mir endlich in ihr wahres Licht gestellt, in einer nicht mißzuverstehenden Weise. Oft in alten Tagen hatte ich zu Dir gesagt, Du wärest der Verderb meines Lebens. Du hattest immer gelacht. Als Edwin Levy am Urbeginn unsrer Freundschaft Deine Art sah, mich für den heftigsten Anprall, die Scherereien und die Kosten Deines unglücklichen Oxforder Fehltritts, wenn wir es einmal so nennen wollen, in den Vordergrund zu schieben – bei ihm hatte man in dieser Sache Rat und Beistand gesucht – und mich eine geschlagene Stunde vor der Bekanntschaft mit Dir warnte, lachtest Du, als ich in Bracknell Dir meine lange und eindringliche Unterredung mit ihm schilderte. Als ich Dir erzählte, sogar der unglückliche junge Mann, der schließlich neben mir auf der Anklagebank saß, habe mich mehr als einmal gewarnt, Du würdest in weit verhängnisvollerer Weise gänzliches Verderben über mich bringen als irgendeiner der gemeinen Burschen, die ich töricht genug war zu kennen, lachtest Du, wenn auch nicht ganz so belustigt. Als meine vorsichtigeren oder weniger wohlgesinnten Freunde mich wegen meiner Freundschaft mit Dir entweder warnten oder verließen, lachtest Du höhnisch. Du lachtest unbändig, als ich, bei Gelegenheit des ersten beleidigenden Briefes, den Dir Dein Vater über mich schrieb, zu Dir sagte, ich wisse, daß ich bloß als Werkzeug in eurem furchtbaren Streit gebraucht und zwischen euch in der Mitte zu Schaden kommen würde. Aber alles ist so geworden, wie ich es voraussagte, wenn man das Ergebnis betrachtet. Du hattest keinen Vorwand, nicht zu sehn, wie sich alles entwickelt hatte. Warum hast Du mir nicht geschrieben? War es Feigheit? War es Dickhäutigkeit? Was war es? Die Tatsache, daß ich durch Dich gekränkt war und das Gefühl der Kränkung geäußert hatte, war um so mehr Grund zum Schreiben. Wenn Du meinen Brief für gerecht hieltest, hättest Du schreiben sollen. Wenn Du ihn im kleinsten Punkte für ungerecht hieltest, hättest Du schreiben sollen. Ich wartete auf einen Brief. Ich war überzeugt: wenn alte Zuneigung, oft beteuerte Liebe, die tausend Akte übel vergoltener Freundlichkeit, mit denen ich Dich überschüttet, die tausend unbezahlten Schulden der Dankbarkeit, die Du bei mir hattest – wenn Dir all das nichts wäre, dann hätte die bloße Pflicht, das sprödeste von allen Banden zwischen Mensch und Mensch, Dich veranlassen sollen zu schreiben. Du kannst nicht sagen, Du hättest im Ernst gedacht, ich dürfe lediglich Geschäftsnachrichten von Mitgliedern meiner Familie empfangen. Du wußtest durchaus, daß Robbie mir alle zwölf Wochen ein kleines Bündel literarischer Neuigkeiten schickt. Es kann nichts Entzückenderes geben als seine Briefe, die so witzig, so geschickt zusammengefaßt, so leicht hingeworfen sind. Es sind wirkliche Briefe: Plaudereien unter vier Augen. Sie haben die Vorzüge einer französischen »causerie intime«; und in seiner feinen Art, mir zu huldigen, die sich bald an meine Urteilsgabe, bald an meinen Humor, dann wieder an meine angeborene Neigung zur Schönheit oder an meine Bildung wendet und mich auf hunderterlei Weise zart daran erinnert, daß ich einst vielen als Autorität in künstlerischen Stilfragen, einigen als die höchste Autorität galt, zeigt er, daß er den Takt der Liebe ebenso wie literarischen Takt besitzt. Seine Briefe sind die Boten gewesen zwischen mir und der herrlichen, unwirklichen Kunstwelt, in der ich ehedem König war und König geblieben wäre, hätte ich mich nicht in die unzulängliche Welt rauher, unvollkommner Leidenschaften, eines wahllosen Geschmackes, eines Verlangens ohne Grenzen und einer formlosen Gier locken lassen. Doch wenn alles gesagt ist, wirst Du gewiß verstehn oder Dir vorstellen können, daß zum mindesten rein als psychologische Kuriosität es mich mehr interessiert hätte, etwas Näheres von Dir zu hören, als zu erfahren, daß Alfred Austin einen Band Gedichte zu veröffentlichen plane, daß George Street jetzt Theaterkritiken für die Daily Chronicle schreibe, oder daß Mrs. Meynell von einem, der kein begeistertes Loblied singen kann, ohne zu stottern, als die neue Sybille des Stils ausgerufen worden sei.

Ach, wärest Du ins Gefängnis gekommen – ich will nicht sagen: durch meine Schuld, denn das wäre für mich ein unerträglicher Gedanke –, sondern durch eigne Schuld, eignes Irren, Vertraun zu unwürdigen Freunden, Straucheln im Sumpf der Sinnlichkeit, mißbrauchte Zuversicht, übel angewendete Liebe oder nichts oder alles dieses – glaubst Du, ich hätte zugegeben, daß Du Dich in Finsternis und Einsamkeit verzehrst, ohne auf noch so kleine Art zu versuchen, Dir die bittere Bürde Deiner Schmach tragen zu helfen? Glaubst Du, ich hätte Dich nicht wissen lassen, daß, wenn Du littest, auch ich litt; daß, wenn Du weintest, in meinen Augen ebenso Tränen waren; und daß, wenn Du im Hause der Fron lägest und von den Menschen verachtet wärest, ich aus meinem Gram ein Haus errichtet hätte, in dem sich bis zu Deiner Rückkunft wohnen ließ, eine Schatzkammer, in der alles, was Menschen Dir verweigert hätten, zu Deiner Heilung zurückgelegt war mit hundertfachem Zins? Hätte bittere Notwendigkeit oder Vorsicht, für mich noch bittrer, mir verwehrt, in Deiner Nähe zu sein, und mich der Freude Deiner Gegenwart beraubt, die nur durch Eisenstäbe und im Schein der Schande wahrnehmbar, so hätte ich jederzeit an Dich geschrieben in der Hoffnung, ein bloßer Ausdruck, ein einziges Wort, ein gebrochener Ton der Liebe dringe als Echo zu Dir. Hättest Du es abgelehnt, meine Briefe zu empfangen, so hätte ich trotzdem geschrieben, damit Du gewußt hättest, es harrten wenigstens immer Briefe Dein. Viele haben es bei mir so getan. Alle drei Monate schreiben mir Menschen oder nehmen sich vor, mir zu schreiben. Ihre Briefe und Mitteilungen werden aufgehoben. Sie gelangen in meine Hände, wenn ich das Gefängnis verlasse. Ich weiß, sie sind da. Ich weiß die Namen der Menschen, die geschrieben haben. Ich weiß, sie sind voll Mitgefühl und Freundlichkeit und Güte. Das genügt mir. Ich brauche nicht mehr zu wissen. Dein Schweigen ist grauenvoll gewesen. Es hat nicht Wochen und Monate nur gedauert, sondern Jahre – Jahre, mit denen sogar die rechnen müssen, die, wie Du, im Glück hastig leben und kaum die vergoldeten Füße der vorübertanzenden Tage zu erhaschen vermögen und auf der Jagd nach

Freuden außer Atem sind. Es ist ein Schweigen, für das es keine Entschuldigung, ein Schweigen, für das es keine Beschönigung gibt. Ich wußte, Du hattest tönerne Füße. Wer wußte es besser? Als ich in meinen Aphorismen schrieb, nichts andres als die tönernen Füße machten das Gold des Standbildes wertvoll, hab ich an Dich dabei gedacht. Aber Du hattest kein goldnes Standbild mit tönernen Füßen für Dich geschaffen. Aus dem Staub der gemeinen Heerstraße, den die Hufe des Hornviehs zu Kot zermantschen, hast Du Dein vollkommenes Ebenbild für meine Blicke geformt, so daß, was auch mein heimliches Verlangen gewesen sein mochte, es mir jetzt unmöglich wäre, für Dich etwas andres zu empfinden als Verachtung und Hohn (beides), Und, von allen andern Gründen abgesehn, Deine Gleichgültigkeit, Deine Weltklugheit, Deine Dickhäutigkeit, Deine Vorsichtigkeit, wie immer Du es zu nennen beliebst, ist für mich doppelt bitter geworden durch die besondern Umstände, die meinen Fall begleiteten oder ihm folgten.

Andre beklagenswerte Geschöpfe, die ins Gefängnis geworfen werden, sind, wenn ihnen die Schönheit der Welt geraubt ist, wenigstens bis zu einem gewissen Grade vor den tückischsten Schlingen, den bittersten Pfeilen der Welt sicher. Sie können sich im Dunkel ihrer Zelle verbergen und aus ihrer Schande noch eine Art unverletzliches Heiligtum machen. Der Welt ist Genüge geschehn, die Welt geht ihren Weg weiter; man läßt sie ungestört leiden. Nicht so bei mir. Ein Leid nach dem andern hat auf der Suche nach mir an die Gefängnistüren geklopft; man hat ihm die Tore weit geöffnet und es hereingelassen. Meinen Freunden ist kaum oder gar nicht gestattet worden, mich zu besuchen. Aber meine Feinde haben jederzeit in vollem Maße Zutritt zu mir gehabt: zweimal, als ich vor dem Konkursgerichtshof öffentlich erscheinen mußte, und dann noch zweimal, als ich von einem Kerker zum andern öffentlich transportiert wurde, war ich unter unsagbar erniedrigenden Umständen den Blicken und dem Gespött der Menge preisgegeben. Der Bote des Todes hat mir seine Zeitung gebracht und ist davongegangen; völlig vereinsamt, ausgeschlossen von allem, was mich hätte trösten oder meinen Schmerz lindern können, habe ich die unerträgliche Pein des Elends und der Gewissensbisse erdulden müssen, die das Andenken an meine Mutter in mir hervorrief und noch immer hervorruft. Kaum hat die Zeit diese Wunde verharscht, nicht geheilt, da läßt mir meine Frau durch ihren Anwalt barsche, bittre, schroffe Briefe schreiben. Man droht mir mit Armut und macht sie mir gleichzeitig zum Vorwurf. Das kann ich ertragen. Ich kann mich an noch Schlimmeres gewöhnen. Aber meine beiden Kinder nimmt man mir auf gesetzlichem Wege. Das verursacht und wird mir stets unendlichen Schmerz, unendlichen Kummer, grenzenlosen Gram verursachen. Daß das Gesetz bestimmen kann und sich die Bestimmung anmaßt, mir stehe es nicht zu, bei meinen eignen Kindern zu sein, ist mir etwas ganz Fürchterliches. Die Schande, im Kerker zu sitzen, ist im Vergleich damit ein Nichts. Ich beneide die andern Männer, die mit mir im Gefängnishof auf- und abschreiten. Ihre Kinder warten gewiß auf sie, freun sich auf ihr Kommen, werden lieb und gut gegen sie sein.

Die Armen sind klüger, barmherziger, freundlicher, empfindungstiefer als wir. In ihren Augen ist das Gefängnis eine Tragödie im Leben eines Menschen, ein Mißgeschick, eine Fügung des Zufalls, etwas, das bei andern Teilnahme weckt. Sie sprechen von einem, der im Gefängnis sitzt, als von einem, der einfach »im Unglück« ist. Das ist die Redensart, die sie immer gebrauchen, und der Ausdruck enthält die höchste Weisheit der Liebe. Bei Leuten unsers Standes ist es anders. Bei uns macht das Gefängnis einen zum Paria. Ich und meinesgleichen haben kaum noch ein Anrecht auf die Luft und die Sonne. Unsre Gegenwart besudelt die Freuden der andern. Wir sind ungebetene Gäste, wenn wir wieder zum Vorschein kommen. Aufs neu des Mondes Dämmerschein zu besuchen, steht uns nicht zu. Unsre Kinder werden uns genommen. Diese holden Bande, die uns an die Menschheit knüpfen, werden zerrissen. Wir sind dazu verurteilt, einsam zu sein, während unsre Söhne noch am Leben sind. Uns verwehrt man das eine, das uns heilen und erhalten, das dem zerschlagenen Herzen Balsam und der Seele in ihrem Schmerz Frieden bringen könnte.

Und zu all dem kommt die grausame Tatsache hinzu, daß Du durch Deine Handlungen und Dein Schweigen, durch das, was Du getan und ungetan gelassen, es mir an jedem Tag meiner langen Kerkerzeit noch schwerer gemacht hast, ihn zu überstehn. Selbst Brot und Wasser der

Gefängniskost hast Du durch Dein Benehmen verändert. Du hast mir das eine bitter, das andre brackig gemacht. Das Leid, das Du hättest teilen sollen, hast Du verdoppelt; den Schmerz, den Du zu erleichtern hättest suchen sollen, hast Du zur Qual angefacht. Ich hege keinen Zweifel, Du hast es nicht gewollt. Ich weiß, Du hast es nicht gewollt. Es war nichts andres als »das eine wirklich verhängnisvolle Gebrechen Deines Wesens: Deine völlige Phantasielosigkeit«.

Und das Ende von allem ist, daß ich Dir zu vergeben habe. Ich muß es tun. Ich schreibe diesen Brief nicht, um Bitternis in Dein Herz zu legen, sondern um sie aus dem meinen auszureißen. Um meinetwillen muß ich Dir vergeben. Man kann nicht immer eine Natter in der Brust bewahren, daß sie an einem zehrt, und nicht jede Nacht aufstehn, um im Garten der Seele Dornen zu säen. Es wird gar nicht schwer für mich sein, es zu tun, wenn Du mir ein bißchen hilfst. Was Du mir auch in den alten Tagen zugefügt hast, ich habe Dir immer gern verziehn. Es hat Dir damals nicht gut getan. Nur der, dessen Leben ganz fleckenlos ist, kann Sünden vergeben. Aber jetzt, da ich in Erniedrigung und Schande sitze, ist es anders. Meine Verzeihung sollte jetzt sehr viel für Dich bedeuten. Eines Tages wird es Dir zum Bewußtsein kommen. Ob es früh oder spät, bald oder gar nicht geschieht – mein Weg liegt klar vor mir. Ich kann Dich nicht durchs Leben gehn lassen mit der Bürde auf dem Herzen, einen Mann wie mich vernichtet zu haben. Der Gedanke könnte Dich bis zur Stumpfheit gleichgültig, bis zum Kranksein traurig machen. Ich muß Dir die Last abnehmen und sie auf meine eignen Schultern legen.

Ich muß mir sagen, daß weder Du noch Dein Vater, und wenn man euch mit tausend multiplizierte, einen Menschen wie mich hätten zugrunde richten können; daß ich mich selbst zugrunde gerichtet habe; daß niemand, ob hoch oder niedrig, zugrunde gerichtet werden kann außer von seiner eignen Hand. Ich bin gern bereit, das zu sagen. Ich versuche, es zu sagen, mag man es mir auch gegenwärtig nicht zutraun. Habe ich eine unbarmherzige Klage erhoben, so bedenke: dies ist eine Klage, die ich ohn’ Erbarmen gegen mich selbst erhebe. So Schreckliches mir auch die Welt angetan hat: ich habe weit Schrecklicheres an mir selbst getan.

Ich war ein Repräsentant der Kunst und Kultur meines Zeitalters. Ich hatte dies selbst schon an der Schwelle meines Mannesalters erkannt und meine Zeitgenossen später zur Anerkennung gezwungen. Wenige Menschen nehmen eine solche Stellung bei Lebzeiten ein, und wenigen wird sie so bestätigt. Gewöhnlich, wenn überhaupt, wird sie erst vom Historiker oder Kritiker bestimmt, lange nachdem der Mann wie sein Zeitalter dahingegangen sind. Bei mir war es anders. Ich habe sie selbst empfunden und andre empfinden lassen. Auch Byron war ein Repräsentant, aber er spiegelte die Leidenschaft seiner Zeit und ihren Leidenschaftsüberdruß. Ich vertrat etwas Edleres, Bleibenderes, etwas von vitalerer Bedeutung, von weiterem Umkreis.

Die Götter hatten mir fast alles verliehn. Ich besaß Genie, einen erlauchten Namen, eine hohe soziale Stellung, Ruhm, Glanz, intellektuellen Wagemut; ich habe die Kunst zu einer Philosophie, die Philosophie zu einer Kunst gemacht; ich habe die Menschen anders denken gelehrt und den Dingen andre Farben gegeben; alles, was ich sagte oder tat, setzte die Leute in Erstaunen. Ich nahm das Drama, die objektivste Form, die die Kunst kennt, und machte es zu einem so persönlichen Ausdrucksmittel, wie das lyrische Gedicht oder das Sonett; zugleich erweiterte ich seinen Bezirk und bereicherte es in der Charakteristik. Drama, Roman, Gedicht in Prosa, Versgedicht, den geistreichen oder den phantastischen Dialog – alles, was ich berührte, hüllte ich in ein neues Gewand der Schönheit; der Wahrheit selbst gab ich das Falsche ebenso wie das Wahre als ihr rechtmäßiges Reich und zeigte, daß das Falsche und das Wahre lediglich intellektuelle Daseinsformen sind. Die Kunst behandelte ich als die oberste Wirklichkeit, das Leben nur als einen Zweig der Dichtung. Ich erweckte die Phantasie meines Jahrhunderts, so daß es rings um mich Mythen und Legenden erschuf. Alle philosophischen Systeme faßte ich in einen Satz, das ganze Dasein in ein Epigramm zusammen. Daneben hatte ich noch andres. Aber ich ließ mich in lange Perioden eines sinnlosen, sinnlichen Wohlbehagens locken. Ich belustigte mich damit, ein Flaneur, ein Dandy, ein Modeheld zu sein. Ich umgab mich mit den kleineren Naturen und den geringeren Geistern. Ich ward zum Verschwender meines eignen Genies und fand absonderliches Wohlgefallen daran, eine ewige Jugend zu vergeuden. Müde, auf den Höhen zu wandeln, stieg ich aus freien Stücken in die Tiefen und fahndete nach neuen

Reizen. Was mir das Paradoxe in der Sphäre des Denkens war, wurde mir das Perverse im Bereich der Leidenschaft. Die Begierde war schließlich eine Krankheit oder Wahnsinn oder beides. Ich kümmerte mich nicht mehr um das Leben andrer. Ich vergnügte mich, wo es mir beliebte, und schritt weiter. Ich vergaß, daß jede kleine Handlung des Alltags den Charakter prägt oder zerstört, und daß man deshalb das, was man im geheimen Zimmer getan hat, eines Tages mit lauter Stimme vom Dach herunter rufen muß. Ich verlor die Herrschaft über mich. Ich war nicht mehr der Steuermann meiner Seele und wußte es nicht. Ich ließ mich vom Vergnügen knechten. Ich endete in greulicher Schande. Jetzt bleibt mir nur eins: völlige Demut.

Ich habe fast zwei Jahre im Kerker gelegen. Wilde Verzweiflung ist bei mir zum Ausbruch gekommen; ein Wühlen im Jammer, dessen Anblick schon Mitleid erregte; schreckliche, ohnmächtige Wut; Bitterkeit und Verachtung; Seelenpein, die laut weinte; Elend, das keine Stimme finden konnte; Schmerz, der stumm blieb. Alle erdenklichen Leidensmöglichkeiten habe ich durchgemacht. Besser als Wordsworth selbst weiß ich, was er mit den Versen sagen wollte:

»Das Leiden ist beständig, trüb und finster
Und hat das Wesen der Unendlichkeit.«

Aber während ich zuzeiten in der Vorstellung selig war, daß meine Leiden endlos sein sollten, konnte ich es nicht ertragen, daß sie keine Bedeutung hatten. Jetzt finde ich an einem fernen Punkt in meinem Wesen etwas verborgen, das mir sagt, nichts in der Welt sei ohne Bedeutung, am allerwenigsten das Leiden. Dieses Etwas, das tief in mir vergraben liegt, wie ein Schatz auf einem Felde, ist die Demut.

Sie ist das letzte, das noch in mir, und das beste; das äußerste Ziel, an dem ich angelangt bin; der Ausgangspunkt einer neuen Entwicklung. Ganz aus mir selbst heraus ist sie gekommen; ich weiß darum, daß sie zur rechten Zeit gekommen. Sie hätte nicht eher, aber auch nicht später kommen können. Hätte mir einer davon gesprochen, ich hätte sie von mir gewiesen. Hätte man sie mir gebracht, ich hätte sie abgelehnt. Ich habe sie gefunden und will sie deshalb bewahren. Ich kann nicht anders. Sie ist das einzige, was Lebenskeime in sich birgt, Keime eines neuen Lebens, einer Vita Nuova für mich. Von allen Dingen ist sie das Wunderbarste; man kann sie nicht verschenken und sich nicht von einem andern schenken lassen. Man kann sie nicht erwerben, es sei denn, daß man allem entsage, was man sein eigen nennt. Erst wenn man alles verloren hat, weiß man, daß man sie besitzt.

Jetzt, da ich überzeugt bin, daß sie in mir liegt, seh ich klar und deutlich, was ich tun soll, unbedingt tun muß. Und wenn ich mich eines solchen Ausdrucks bediene, brauche ich nicht zu versichern, daß damit keine Anspielung auf irgendein äußeres Gesetz oder Gebot gemeint ist. Für mich gibt es keine. Ich bin weit mehr Individualist, als ich es je war. Alles scheint mir ganz wertlos, was man nicht aus sich selbst hat. Meine Natur ist auf der Suche nach einer neuen Art der Selbstverwirklichung. Das ist das einzige, was mich beschäftigt. Und das erste, was ich zu tun habe, ist: mich von einer etwa vorhandenen Verbitterung gegen die Welt zu befrein.

Ich bin völlig mittellos, gänzlich obdachlos. Allein es gibt Härteres auf der Welt als das. Es ist mein heiliger Ernst, wenn ich sage: eh' ich dies Gefängnis mit Groll gegen die Welt verlasse, will ich lieber herzlich gern von Tür zu Tür gehn und um Brot betteln. Wenn ich in den Häusern der Reichen nichts bekäme, würden mir die Armen etwas schenken. Wer viel besitzt, ist oft geizig; wer wenig hat, ist immer zum Teilen bereit. Mir war es ganz gleich, müßte ich im Sommer im kühlen Gras schlafen und, wenn der Winter käme, in einem warmen, dichten Heuschober oder unter dem Wetterdach einer großen Scheune Zuflucht suchen – vorausgesetzt, daß ich Liebe im Herzen hätte. Die äußern Dinge des Lebens scheinen mir jetzt von gar keiner Bedeutung mehr. Daraus magst Du ersehn, wie weit ich es schon im Individualismus gebracht habe – oder vielmehr allmählich bringen werde, denn der Weg ist lang, und »wo ich gehe, sind Dornen«.

Ich weiß freilich, auf der Landstraße um Almosen betteln wird nicht mein Los sein, und wenn ich je bei Nacht im kühlen Gras liege, werde ich Sonette an den Mond schreiben. Verlasse ich das Gefängnis, dann wird Robbie draußen vor dem großen Tore mit den Eisenpfosten auf mich warten, und er deutet nicht nur seine eigne Zuneigung sinnbildlich an, sondern auch die Zuneigung vieler andrer außer ihm. Ich soll, glaube ich, soviel bekommen, daß ich auf jeden Fall ungefähr anderthalb Jahre davon leben kann; wenn ich dann keine schönen Bücher schreibe, bin ich wenigstens in der Lage, schöne Bücher zu lesen. Gibt es eine größere Freude? Danach werde ich hoffentlich meine Schaffenskraft neu schaffen können.

Aber wäre es anders: hätte ich keinen Freund mehr auf der Welt; stünde mir nicht ein Haus mitleidig offen; müßte ich das Felleisen und den zerlumpten Mantel der baren Armut nehmen: solang ich von aller Rachbegierde, Grausamkeit und Verachtung frei bin, könnte ich dem Leben mit viel größerer Ruhe und Zuversicht ins Auge schaun, als wenn mein Leib in Purpur und feines Linnen gekleidet und meine Seele krank vor Haß wäre.

Und ich werde wirklich keine Schwierigkeit haben. Wer wahrhaft Liebe begehrt, wird sie für sich bereit finden.

Ich brauche nicht zu sagen, daß meine Aufgabe hier noch nicht endet. Sonst wäre sie verhältnismäßig leicht. Viel mehr steht mir bevor. Ich habe weit steilere Höhen zu ersteigen, viel dunklere Täler zu durchwandern. Und ich muß alles aus mir selbst haben. Nicht die Religion, nicht die Moral, nicht die Vernunft können mir irgendwie dabei helfen.

Die Moral hilft mir nicht. Ich bin ein geborener Antinomist. Ich gehöre zu denen, die für Ausnahmen, nicht für Gesetze geschaffen sind. Aber so gut ich einsehe, daß kein Unrecht in dem liegt, was man tut, sehe ich auch ein, daß ein gewisses Unrecht in dem liegt, was man wird. Diese Erkenntnis kommt einem zustatten.

Die Religion hilft mir nicht. Glauben andre an das Unsichtbare, so glaube ich an das, was man berühren und erblicken kann. Meine Götter bewohnen von Menschenhand erbaute Tempel; und innerhalb des Bereichs der wirklichen Erfahrung vervollständigt und vervollkommnet sich mein Evangelium – vielleicht allzusehr: denn wie die meisten oder alle von denen, die ihren Himmel auf dieser Erde suchen, habe ich auf ihr sowohl die Schönheit des Himmels wie die Greuel der Hölle gefunden. Wenn ich überhaupt an Religion denke, ist es mir, als ob ich gern einen Orden für die gründen möchte, die nicht glauben können: Brüderschaft der Ungläubigen möchte man ihn nennen. Hier würde an einem Altar, auf dem keine Kerze brennte, ein Priester, in dessen Herzen der Friede keine Ruhestatt hätte, mit ungeweihtem Brot und einem Kelche, in dem kein Wein wäre, die Messe lesen. Um wahr zu sein, muß alles zur Religion werden. Und die Lehre der Agnostiker sollte ebenso ihr Ritual haben wie der Glaube. Sie hat ihre Märtyrer gesät, sie sollte ihre Heiligen ernten und Gott täglich dafür danken, daß er sich den Blicken der Menschen verborgen hat. Doch ob Glaube, ob Agnostizismus: es darf nichts Äußerliches für mich sein. Ich muß seine Symbole selbst geschaffen haben. Transzendent ist nur, was sich seine eigne Form gestaltet. Finde ich sein Geheimnis nicht in mir, dann werde ich es nie finden; besitze ich es nicht schon, so wird es mir nie zuteil werden.

Die Vernunft hilft mir nicht. Sie sagt mir, daß die Gesetze, deren Opfer ich geworden bin, verkehrt und ungerecht sind, daß das System, unter dem ich gelitten habe, verkehrt und ungerecht ist. Aber irgendwie habe ich diese beiden Dinge für mich gerecht und richtig zu machen. Und ganz so, wie man sich in der Kunst nur damit abgibt, was einem ein besondrer Gegenstand in einem besondern Moment ist, verhält es sich mit der ethischen Entwicklung des Charakters. Es ist meine Aufgabe, alles, was mich betroffen hat, zum Guten für mich zu wenden. Die Lattenpritsche, die ekelerregende Nahrung, die rauhen Stricke, die man zu Werg zerzupft, bis einem vor Schmerz die Fingerspitzen empfindungslos werden, die Gesindeverrichtungen, mit denen jeder Tag beginnt und endet, die schroffen Befehle, die das Herkommen zu erfordern scheint, die abscheuliche Kleidung, die den Kummer grotesk erscheinen läßt, das Schweigen, die Einsamkeit, die Schande – alle diese Erfahrungen habe ich ins Geistige umzusetzen. Es gibt keine einzige körperliche Erniedrigung, die ich nicht zu einer geistigen Erhebung zu machen versuchen muß.

Ich wünsche dahin zu gelangen, ganz schlicht und ohne Heuchelei sagen zu können, daß mein Leben zwei große Wendepunkte hatte: als mich mein Vater nach Oxford und als mich die Gesellschaft ins Gefängnis schickte. Ich will nicht sagen: das Gefängnis war das beste, was mich hätte treffen können; denn das würde zu sehr nach Verbitterung gegen mich schmecken. Ich möchte lieber sagen oder von mir gesagt wissen, ich sei ein so typisches Kind meiner Zeit gewesen, daß ich in meiner Perversität und um dieser Perversität willen das Gute meines Lebens in Schlechtes und das Schlechte meines Lebens in Gutes verkehrte.

Indes, was ich oder andre sagen, darauf kommt es wenig an. Das Wichtige, das, was vor mir liegt, was ich zu tun habe, wenn der kurze Rest meiner Tage nicht verstümmelt, vernichtet und unvollständig werden soll, ist: alles, was an mir getan worden ist, in mich aufzusaugen, zu einem Teil von mir zu machen, ohne Murren, Bangen und Sträuben hinzunehmen. Das höchste Laster ist Seichtheit. Was zum Bewußtsein kommt, ist richtig.

Als meine Gefängniszeit eben begonnen hatte, gaben mir einige Leute den Rat, ich möge zu vergessen suchen, wer ich sei. Es war ein verderblicher Rat. Nur darin, daß mir zum Bewußtsein kommt, was ich bin, habe ich irgendwelchen Trost gefunden. Jetzt raten mir andre, ich solle, wenn ich freigelassen werde, zu vergessen suchen daß ich je im Gefängnis war. Ich weiß, das wäre ebenso verhängnisvoll. Es hieße, daß ich zeitlebens von einem unerträglichen Gefühl der Schande verfolgt würde, daß das, was für mich ebensogut bestimmt ist wie für jeden andern – die Schönheit der Sonne und des Mondes, der Festzug der Jahreszeiten, die Musik bei Tagesanbruch und das Schweigen langer Nächte, der Regen, der durch die Blätter rieselt, der Tau, der über das Gras schleicht und es versilbert – daß all das für mich befleckt und seine Heilkraft und seine Fähigkeit, Freude zu spenden, verloren sein sollte. Seine eignen Erfahrungen bedauern heißt seine eigne Entwicklung hemmen. Seine eignen Erfahrungen verleugnen heißt seinem eignen Leben eine Lüge auf die Lippen legen. Es ist nicht weniger, als wollte man seine Seele verleugnen.

Denn ebenso wie der Körper alles Mögliche in sich aufnimmt, Gewöhnliches und Unreines nicht minder als das, was der Priester oder die Ekstase geweiht hat, und es in Rüstigkeit oder Kraft umwandelt, in das Spiel schöner Muskeln und die Formen des leuchtenden Fleisches, in die Rundungen und Farben des Haares, der Lippen, des Auges: so hat die Seele ihrerseits ihre nährende Tätigkeit und kann das, was an und für sich gemein, grausam und erniedrigend ist, in edle Regungen und Leidenschaften voll tiefer Bedeutung umsetzen – ja, noch mehr: grade darin ihren erhabensten Stoff zur Betätigung finden und sich oft am vollkommensten durch das offenbaren, was ursprünglich eine entweihende oder zerstörende Absicht hatte.

Die Tatsache, daß ich in einem gemeinen Zuchthaus ein gemeiner Gefangner war, muß ich bedingungslos hinnehmen, und so merkwürdig es auch scheinen mag, eine von den Lehren, die ich mir beizubringen habe, ist, mich dessen nicht zu schämen. Ich muß es als Strafe hinnehmen, und wenn man sich einer Strafe schämt, dann ist es ebensogut, als hätte man sie nie empfangen. Allerdings, ich bin für viel verurteilt worden, was ich nicht getan habe, aber auch für viel, was ich getan habe, und es gibt noch mehr in meinem Leben, für das ich niemals zur Rechenschaft gezogen wurde. Und wie ich schon in diesem Briefe gesagt habe: da die Götter wunderlich sind und uns für das, was gut und menschenfreundlich in uns ist, ebenso strafen wie für das, was schlecht und pervers ist, so muß ich die Tatsache hinnehmen, daß man gleichermaßen für das Gute wie für das Schlechte, das man tut, bestraft wird. Ich zweifle nicht daran, daß es durchaus mit Recht geschieht. Es hilft einem oder sollte einem helfen, beides zu durchschaun und sich auf keins von beiden zu viel einzubilden. Wenn ich mich demnach meiner Strafe nicht schäme – und ich hoffe das –, dann werde ich frei denken, frei herumgehn und leben können.

Viele nehmen bei ihrer Entlassung das Gefängnis mit sich hinaus und verbergen es als geheimen Schimpf in ihrem Herzen und kriechen schließlich wie arme vergiftete Wesen in ein Loch und sterben. Es ist abscheulich, daß ihnen nichts andres übrig bleibt, und es ist unrecht, schrecklich unrecht von der Gesellschaft, sie dahin zu treiben. Die Gesellschaft maßt sich das Recht an, dem Individuum entsetzliche Strafen aufzuerlegen; aber sie besitzt auch das höchste Laster der Seichtheit, und es gelingt ihr nicht, sich über das, was sie getan hat, klar zu werden. Hat der Betreffende seine Strafe abgebüßt, dann überläßt sie ihn sich selbst, will sagen: sie läßt ihn just in dem Augenblicke fallen, wo ihre vornehmlichste Pflicht gegen ihn anfängt. Sie schämt sich tatsächlich ihrer eignen Handlungen und meidet die Bestraften, wie Leute einem Gläubiger ausweichen, dem sie ihre Schulden nicht bezahlen können, oder einem, dem sie unersetzlichen, unwiderruflichen Schaden zugefügt haben. Ich kann meinerseits den Anspruch erheben, wenn ich mir vergegenwärtige, was ich gelitten habe, daß die Gesellschaft sich vergegenwärtige, was sie mir angetan hat, und daß auf beiden Seiten keine Verbitterung, kein Haß herrsche.

Selbstverständlich weiß ich, daß von einem Gesichtspunkt aus die Dinge sich für mich schwieriger gestalten werden als für andre, durch die Natur der Sache es sein müssen. Die armen Diebe und Vagabunden, die hier mit mir eingesperrt sind, sind in vieler Hinsicht glücklicher als ich. Der kurze Weg in grauer Stadt oder auf grünem Felde, der ihre Sünde sah, ist eng; sie brauchen, wollen sie Menschen finden, die von ihrem Verschulden nichts wissen, nicht weiter zu gehn, als ein Vogel zwischen Zwielicht und Morgendämmerung fliegt. Für mich dagegen ist die Welt zu einer Handbreite zusammengeschrumpft, und überall, wo ich mich hinwende, ist mein Name in ehernen Lettern an die Felsen geschrieben. Denn ich bin nicht aus dem Dunkel in das grelle Licht momentaner Verbrecherberühmtheit getreten, sondern von unsterblichem Ruhm zu ewiger Ehrlosigkeit gelangt, und manchmal scheint es mir, als hätte ich dargetan, wenn es dieses Beweises überhaupt bedurfte, daß vom Berühmten zum Berüchtigten nur ein Schritt ist oder noch weniger als ein Schritt.

Immerhin, grade in dem Umstand, daß die Menschen mich erkennen werden, wo ich mich auch zeige, und alles aus meinem Leben wissen, soweit seine Torheiten in Betracht kommen, kann ich noch Gutes für mich entdecken. Daraus erwächst mir die Notwendigkeit, mich wieder als Künstler durchzusetzen – und zwar so bald wie irgend möglich. Kann ich auch nur ein schönes Kunstwerk hervorbringen, dann werde ich imstande sein, der Bosheit ihr Gift, der Feigheit ihr Hohnlächeln zu rauben und der Schmähsucht die Zunge an der Wurzel auszureißen.

Und sollte das Leben, wie es gewiß der Fall ist, für mich ein Problem sein, so bin ich für das Leben nicht minder ein Problem. Die Leute müssen mir gegenüber einen Modus finden, wie sie sich zu verhalten haben, und dadurch sich wie mir das Urteil sprechen. Ich brauche nicht zu sagen, daß ich nicht auf bestimmte Individuen anspiele. Die einzigen Menschen, die ich jetzt um mich wünsche, sind Künstler und solche, die gelitten haben: solche, die wissen, was Schönheit, und solche, die wissen, was Schmerz ist. Sonst interessiert mich niemand. Ich stelle auch keine Ansprüche an das Leben. Alles, was ich hier geäußert habe, zielt einfach auf meine eigne geistige Stellung gegenüber dem Leben in seiner Gesamtheit; und ich fühle, daß mich meiner Strafe nicht zu schämen einer der ersten Punkte ist, die ich erreichen muß, um meiner eignen Vollendung willen und weil ich so unvollkommen bin.

Dann muß ich glücklich sein lernen. Einst wußte ich es oder glaubte es zu wissen, instinktmäßig. Ehedem war immer Frühling in meinem Herzen. Mein Temperament war der Lebensfreude verwandt. Bis hoch zum Rande füllte ich mein Leben mit Vergnügen, wie man einen Becher bis zum Rande mit Wein füllt. Jetzt trete ich von einem völlig neuen Standpunkt an das Leben heran, und mir auch nur eine Vorstellung vom Glück zu machen wird mir oft überaus schwer. Ich erinnre mich aus meinem ersten Semester in Oxford der Lektüre von Paters Renaissance – des Buches, das einen so seltsamen Einfluß auf mein Leben gewonnen hat –, wie Dante in den Tiefen des Inferno die ansiedelt, die eigenwillig in Traurigkeit leben; ich ging in die College Bibliothek und schlug die Stelle in der Göttlichen Komödie nach, wo unter dem Höllenmoor diejenigen hausen, die »in der süßen Luft grämlich« waren und nun ewig in ihren Seufzern stöhnen:

Tristi fummo
Nell' aer dolce che dal sol s'allegra.

Ich wußte, die Kirche verurteilte accidia, aber die ganze Idee schien mir ziemlich phantastisch, so recht die Art Sünde, dachte ich mir, die ein lebensunkundiger Priester erfinden würde. Ebenso wenig begriff ich, wie Dante, der doch sagt: »Der Schmerz vereint uns wiederum mit Gott«, so schroff gegen die sein konnte, die in der Wonne der Wehmut schwelgten, wenn es wirklich solche gab. Ich ahnte nicht, daß dies eines Tages eine der größten Versuchungen meines Lebens werden sollte.

Während ich im Gefängnis in Wandsworth saß, sehnte ich den Tod herbei. Sterben war mein einziger Wunsch. Als ich nach einem Aufenthalt von zwei Monaten in der Krankenabteilung hierher gebracht wurde und meine physische Gesundheit sich allmählich besserte, schäumte ich vor Wut. Ich beschloß, an dem Tage meiner Entlassung Selbstmord zu begehn. Nach einiger Zeit legte sich diese Verstimmung, und ich setzte es mir in den Kopf zu leben, aber Trübsal anzutun, wie ein König seinen Purpur; nie wieder zu lächeln; jedes Haus, das ich betrat, zu einem Hause der Trauer zu machen; meine Freunde langsamen Schrittes in Schwermut neben mir gehn zu lassen; sie zu lehren, daß die Melancholie das wahre Geheimnis des Lebens ist; ihre Freude durch fremdes Leid zu vergällen; sie mit meinem eignen Schmerze zu peinigen. Jetzt denke ich ganz anders. Ich sehe ein, es wäre undankbar und unliebenswürdig von mir, ein so langes Gesicht zu machen, daß meine Freunde, wenn sie mich besuchten, noch längere Gesichter machen müßten, um mir ihr Mitgefühl auszudrücken, oder, wenn ich sie bewirten wollte, sie einzuladen, sich schweigend zu bittern Kräutern und einem Leichenschmause niederzusetzen. Ich muß lernen, guter Dinge werden und glücklich sein.

Die beiden letzten Male, als ich meine Freunde hier empfangen durfte, gab ich mir Mühe, so heiter wie möglich zu sein und ihnen meine Frohlaune zu zeigen, um sie doch ein klein wenig dafür zu entschädigen, daß sie den ganzen Weg von London zu mir hergekommen waren. Ich weiß, es ist nur ein spärlicher Dank, aber keiner – davon bin ich durchdrungen – wäre ihnen lieber. Ich habe mich Sonnabend vor acht Tagen eine Stunde mit Robbie unterhalten und ließ es mir angelegen sein, ihn die herzliche Freude, die ich über unser Zusammensein empfand, so deutlich wie möglich merken zu lassen. Daß ich mit den Ansichten und Auffassungen, die ich mir hier im stillen bilde, auf der rechten Fährte bin, das beweist mir die Tatsache, daß ich jetzt zum ersten Male seit meiner Verurteilung wahres Verlangen nach dem Leben habe.

Vor mir liegt so viel, daß ich es als eine schreckliche Tragödie betrachten würde, wenn ich sterben müßte, eh' es mir verstattet wäre, wenigstens einen kleinen Teil davon durchzuführen. Ich sehe neue Entwicklungen in der Kunst und im Leben, von denen jede eine ungebrauchte Form der Vollkommenheit ist. Ich sehne mich nach dem Leben, damit ich erforschen kann, was jetzt so gut wie eine neue Welt für mich ist. Willst Du wissen, was diese neue Welt ist? Du kannst es wohl erraten. Es ist die Welt, in der ich zuletzt gelebt habe. Das Leid also und alles, was man von ihm lernt, ist meine neue Welt.

Ich habe früher ausschließlich dem Vergnügen gelebt. Ich ging Schmerzen und Leiden jeder Art aus dem Wege. Sie waren mir beide zuwider. Ich hatte mir vorgenommen, sie so weit wie möglich nicht zu beachten, sie gewissermaßen als Formen der Unvollkommenheit zu behandeln. Sie gehörten nicht zu meinem Lebensgebäude. Für sie war in meiner Philosophie kein Platz. Meine Mutter, die das Leben durch und durch kannte, pflegte mir oft die Goetheschen Verse zu zitieren, die ihr vor langen Jahren Carlyle in ein Buch geschrieben hatte und die – wenn ich mich recht erinnre – in seiner Übersetzung folgendermaßen lauteten:

Who never ate his bread in sorrow,
Who never spent the midnight hours
Weeping and waiting for the morrow, –
He knows you not, ye heavenly powers.

Diese Verse pflegte die edle Königin von Preußen, die Napoleon so brutal behandelt hat, in ihrer Erniedrigung und Verbannung zu zitieren; diese Verse hat meine Mutter im Ungemach ihres späteren Lebens oft angeführt. Ich lehnte es rundweg ab, die ungeheure Wahrheit, die darin verborgen liegt, mir zu eigen zu machen oder einzuräumen. Ich konnte sie nicht verstehn. Ich erinnre mich noch sehr wohl, wie ich damals meiner Mutter sagte, ich hätte keine Lust, mein Brot in Tränen zu essen, die Nächte zu durchweinen und einem noch traurigeren Morgen entgegenzuwachen.

Ich ahnte nicht, daß es zu den besondern Dingen gehörte, die mir das Schicksal vorbehalten hatte: daß ich ein ganzes Jahr meines Lebens kaum etwas andres tun sollte. Aber so ist mir mein Teil zugemessen worden; und während der letzten Monate ist es mir nach fürchterlichen Überwindungen und Kämpfen gelungen, einige Lehren zu begreifen, die im Herzen des Grams verborgen sind. Geistliche und Leute, die Redensarten ohne Sinn und Verstand anwenden, sprechen manchmal vom Leiden als einem Geheimnis. In Wahrheit ist es eine Offenbarung. Man erkennt Dinge, die einem nie aufgefallen sind. Man tritt unter einem andern Gesichtswinkel an die Geschichte heran. Was man schwach, instinktiv von der Kunst geahnt hat, gewahrt man im Bereich des Denkens und Fühlens mit vollendeter Klarheit des Sehvermögens und mit absoluter Stärke der Vorstellungskraft.

Jetzt erkenne ich, daß der Schmerz als die edelste Regung, deren der Mensch fähig ist, gleichermaßen Urform und Prüfstein aller großen Kunst ist. Wonach der Künstler immer sucht, das ist die Daseinsart, in der Leib und Seele eins und unzertrennlich sind; in der das Äußere der Ausdruck des Innern ist; in der sich die Form enthüllt. Solcher Daseinsarten gibt es etliche: der junge Menschenleib und die Künste, die mit seiner Darstellung beschäftigt sind, können uns gelegentlich als Modell dienen; dann wieder mag uns der Gedanke erfreun, daß in der Zartheit und Feinheit ihrer Eindrücke, in der Weise, wie sie einen Geist andeutet, der im Äußerlichen wohnt und sich aus Erde und Luft, aus Nebel und Städtebild sein Gewand schafft, die moderne Landschaftsmalerei in ihrer krankhaft reizbaren Harmonie von Stimmungen, Tönen und Farben das für uns koloristisch verwirklicht, was die Griechen zu so plastischer Vollendung gebracht. Die Musik, in der alles Stoffliche im Ausdruck aufgeht und nicht von ihm getrennt werden kann, ist ein kompliziertes Beispiel und eine Blume oder ein Kind ein einfaches Beispiel für das, was ich meine; aber der Schmerz ist der höchste Typ, im Leben sowohl wie in der Kunst.

Hinter Lust und Lachen mag ein Temperament stecken, rauh, hart und knorrig: hinter dem Schmerz ist stets nur Schmerz. Das Leid trägt keine Maske wie die Freude. Die Wahrheit in der Kunst ist keine Verbindung zwischen der wesenhaften Idee und der zufälligen Existenz; ist nicht die Ähnlichkeit von Gestalt und Schatten oder von dem Spiegelbild der Form und der Form selbst; ist kein Echo, das aus einem hohlen Hügel tönt, so wenig wie ein silberner Quell im Tale, dessen Wasser den Mond dem Monde und Narkissos dem Narkissos zeigt. Die Wahrheit in der Kunst ist die Übereinstimmung eines Dinges mit sich selbst; das Äußere Ausdruck des Innern geworden; die Seele Fleisch; der Leib vom Geiste belebt. Darum läßt sich keine Wahrheit dem Leiden vergleichen. Zu Zeiten scheint mir das Leiden die einzige Wahrheit. Andre Dinge mögen Wahngebilde des Auges oder des Hungers sein, jenes zu blenden, diesen zu sättigen; aber aus dem Leiden sind die Welten erbaut, und bei der Geburt eines Kindes oder eines Sternes geht es nicht ohne Schmerz ab.

Ja, noch mehr: das Leiden hat eine ungewöhnlich starke Wirklichkeit an sich. Ich habe von mir gesagt, ich sei ein Repräsentant der Kunst und Kultur meines Zeitalters gewesen. Es gibt keinen Elenden in diesem Hause des Elends, keinen meiner Mitgefangnen, der nicht ein Repräsentant des Lebensgeheimnisses wäre. Denn das Geheimnis des Lebens heißt Leiden. Hinter allem ist es verborgen. Kaum fangen wir zu leben an, so schmeckt uns das Süße so süß, das Bittre so bitter, daß wir unvermeidlich unser ganzes Verlangen auf Freuden richten und nicht nur »einen Monat oder zwei von Honig zehren« wollen, sondern unser ganzes Leben lang keine andre Nahrung kosten möchten, und wissen doch die ganze Zeit nicht, daß wir die Seele in Wirklichkeit verhungern lassen.

Ich erinnre mich, ich sprach einmal hierüber mit einem der herrlichsten Wesen, die ich je gekannt habe, einer Frau, deren reges Mitgefühl und edle Güte, sowohl vor wie seit der Tragödie meiner Kerkerhaft, sich unmöglich beschreiben lassen; die mir, wenn sie es auch nicht weiß, wirklich mehr als irgend jemand auf der ganzen Welt beigestanden hat, die Last meiner Sorgen zu tragen, und zwar bloß durch die Tatsache, daß sie lebt, daß sie ist, was sie ist – teils ein Ideal, teils eine einflußreiche Macht: eine Andeutung dessen, was man werden könnte, wie eine wirkliche Stütze des Vorsatzes, dahin zu gelangen; eine Seele, die der Alltagsluft Süßigkeit leiht und Geistiges einfach und natürlich erscheinen läßt wie das Licht der Sonne oder das Meer; für die Schönheit und Leid Hand in Hand gehn und dieselbe Botschaft haben. Ich besinne mich genau, wie ich ihr bei der Gelegenheit, die mir vorschwebt, sagte: es gäbe in einer engen Gasse in London schon genug Kummer, zu beweisen, daß Gott die Menschen nicht liebe, und überall, wo jemand leide, sei es auch nur ein Kind, das in einem Gärtchen weine über ein Vergehn, dessen es sich schuldig oder nicht schuldig gemacht, da sei das ganze Antlitz der Schöpfung entstellt. Ich hatte völlig Unrecht. Sie sagte mir das auch, doch ich konnte es nicht glauben. Ich lebte nicht in dem Vorstellungskreis, der einen zu solchem Glauben gelangen läßt. Jetzt dünkt mich, daß Liebe irgendeiner Art die einzig mögliche Erklärung ist für das ungeheure Maß von Weh, das es auf der Welt gibt. Eine andre Erklärung kann ich mir nicht denken. Ich bin überzeugt, es gibt keine andre; und wenn die Welt wirklich, wie ich vorhin sagte, aus Leid gebaut ist, so ist sie von der Hand der Liebe gebaut, weil auf keine Weise sonst die Seele des Menschen, für den die Welt erschaffen ist, zu dem ganzen Wuchs ihrer Vollendung gelangen könnte. Freude für den schönen Körper, Schmerz für die schöne Seele.

Wenn ich sage, ich sei hiervon überzeugt, so liegt allzuviel Stolz in meinen Worten. Weit in der Ferne kann man, wie eine Perle sonder Fehl, die Stadt Gottes sehn. Sie ist so wundervoll, daß man meinen möchte, ein Kind könne sie an einem Sommertag erreichen. Und ein Kind kann es. Aber mit mir und meinesgleichen verhält es sich anders. In einem einzigen Augenblick kann man etwas in seiner ganzen Stärke fühlen, aber es geht einem wieder verloren in den langen Stunden, die bleiernen Fußes folgen. Es ist so schwer, »Höhen zu behaupten, darauf mit Fug die Seele wandeln darf«. Unsre Gedanken gehören der Ewigkeit, doch wir bewegen uns langsam durch die Zeit. Wie langsam die Zeit für uns vergeht, die wir im Gefängnis sitzen – davon brauche ich nicht mehr zu reden, nicht von der Müdigkeit und Verzweiflung, die in unsre Zelle und die Zelle unsers Herzens mit so seltsamer Beharrlichkeit zurückschleichen, daß man gewissermaßen sein Haus für sie fegen und schmücken muß, wie für einen unerwünschten Gast, einen gestrengen Herrn oder Sklaven, dessen Sklave man durch Zufall oder eigne Wahl ist.

Vielleicht finden es meine Freunde jetzt schwer, es zu glauben, es ist aber trotzdem so: sie, deren Leben Freiheit, Müßiggang und Wohlbehagen, haben es leichter die Lehren der Demut zu erlernen als ich, der ich den Tag damit beginne, auf den Knien den Boden meiner Zelle aufzuwaschen. Denn das Leben im Gefängnis mit seinen zahllosen Entbehrungen und Einschränkungen macht einen zum Rebellen. Das Schrecklichste daran ist nicht, daß es einem das Herz bricht – Herzen sind dazu da, zu brechen –, sondern daß es einem das Herz in Stein verwandelt. Manchmal hat man das Gefühl, man könne den Tag überhaupt nur mit einer Stirn von Eisen und mit Hohn auf den Lippen überleben. Und wer sich im Zustande der Empörung befindet, kann nicht der Gnade teilhaftig werden, um den Ausdruck zu gebrauchen, dessen sich die Kirche mit Vorliebe bedient – und zwar mit Recht, möchte ich behaupten –, denn im Leben wie in der Kunst verschließt die aufrührerische Stimmung die Kanäle der Seele und sperrt die Luft des Himmels aus. Doch, soll ich diese Lehren irgendwo erlernen, so muß es hier geschehn, und ich muß voller Freude sein, wenn meine Füße auf der rechten Straße sind und mein Angesicht »dem Tore zugekehrt, das schön genannt wird«, mag ich auch vielmals im Schmutz fallen und oft im Nebel irre gehn.

Dieses Neue Leben, wie ich es bisweilen aus Liebe zu Dante gern nenne, ist natürlich überhaupt kein neues Leben, sondern einfach, vermittels Entwicklung und Evolution, die Fortsetzung meines früheren Lebens. Ich erinnre mich, daß ich in Oxford zu einem meiner Freunde sagte, als wir eines Morgens in dem Jahr, eh' ich promovierte, auf den engen, von Vögeln umschwärmten Wegen um Magdalen-College wandelten, es gelüste mich, von der Frucht aller Bäume im Garten der Welt zu essen, und mit dieser Leidenschaft im Herzen träte ich in die Welt hinaus. Und so, auf mein Wort, trat ich hinaus, und so lebte ich. Mein einziger Fehler war, daß ich mich so ausschließlich auf die Bäume beschränkte, welche, wie mir schien, auf der Sonnenseite des Gartens standen, während ich den andern Teil mit seinem Schatten und seiner Düsterheit mied. Mißerfolg, Schande, Armut, Kummer, Verzweiflung, Leid, selbst Tränen, die Worte, die Lippen im Schmerze stammeln, die Reue, die Dornen auf unsern Pfad streut, das Gewissen, das verdammt, die Selbsterniedrigung, die straft, das Elend, das Asche auf sein Haupt gießt, die Seelenpein, die sich in Sackleinwand kleidet und Galle in ihr eignes Getränk mischt – all dem wich ich ängstlich aus. Und da ich beschlossen hatte, nichts davon wissen zu wollen, so wurde ich gezwungen, sie alle der Reihe nach zu kosten, mich von ihnen zu nähren, eine Zeitlang auf jede andre Speise zu verzichten.

Keinen Augenblick bedaure ich, dem Vergnügen gelebt zu haben. Ich tat es bis zum Rande, wie man alles tun soll, was man tut. Es gab kein Vergnügen, das ich nicht genoß. Ich warf die Perle meiner Seele in einen Becher Weins. Ich schritt zum Klange der Flöten den Blumenpfad hinab. Ich lebte von Honig. Aber es wäre falsch gewesen, dieses Leben fortzusetzen, weil es einseitig gewesen wäre. Ich mußte weiter. Die andre Hälfte des Gartens hatte auch ihre Geheimnisse für mich. Natürlich ist all das in meiner Kunst vorgebildet und wirft seine Schatten voraus. Spuren davon sind im »Glücklichen Prinzen«; auch in dem Märchen »Der junge König«, besonders an der Stelle, wo der Bischof zu dem knienden Jüngling spricht: »Ist Er, der das Elend schuf, nicht weiser als du?« – Worte, die mir, als ich sie schrieb, kaum mehr schienen als Worte; ein gut Teil davon ist hineingeheimnißt in die mahnende Stimme, die sich wie ein Purpurfaden durch den Goldbrokat des »Dorian Gray« zieht; in vielen Farben schimmert es in der »Kritik als Kunst«; in allzu leicht lesbaren Lettern steht es in der »Seele des Menschen«; es ist einer der Refrains, deren wiederkehrendes Motiv »Salome« so sehr einem Musikstück gleichen läßt und wie eine Ballade zusammenschließt; in dem Prosagedicht von dem Manne, der aus dem Erz des Bildes der »Freude, die einen Augenblick lebt«, das Bild der »Sorge, die ewig währet«, zu schaffen hat, ist es Fleisch und Blut geworden. Anders hätte es auch gar nicht sein können. In jedem einzelnen Moment seines Lebens ist man das, was man sein wird, nicht minder als das, was man gewesen ist. Die Kunst ist ein Symbol, weil der Mensch ein Symbol ist. Kann ich ganz dahin gelangen, so ist es die letzte Verwirklichung des Künstlerlebens. Denn das Künstlerleben ist einfach Selbstentwicklung. Die Demut beim Künstler liegt darin, daß er alle Erfahrungen bedingungslos hinnimmt, genau so wie die Liebe beim Künstler einfach der Sinn für Schönheit ist, der der Welt ihren Körper und ihre Seele offenbart. In »Marius dem Epikuräer« sucht Pater das Künstlerleben mit dem religiösen Leben in der tiefen, holden und herben Bedeutung des Wortes in Einklang zu bringen. Aber Marius ist wenig mehr als ein Zuschauer – ein idealer Zuschauer allerdings, einer, dem es gegeben ist, »das Schauspiel des Lebens mit eignen Empfindungen zu betrachten«, was Wordsworth als die wahre Bestimmung des Dichters bezeichnet; doch ein Zuschauer nur und vielleicht ein wenig zu sehr mit der Anmut der Bänke im Tempel beschäftigt, um zu gewahren, daß es der Leidenstempel ist, auf dem sein Blick ruht.

Ich sehe eine weit innigere, unmittelbarere Verbindung zwischen dem wahren Leben Christi und dem wahren Leben des Künstlers, und der Gedanke erfüllt mich mit großer Freude, daß ich, lange bevor sich das Leid meiner Tage bemächtigt und mich an sein Rad gebunden hatte, in der »Seele des Menschen« geschrieben habe: wer ein Christus ähnliches Leben führen wolle, müsse ganz und gar er selbst sein, und als Beispiele nicht nur den Schäfer auf der Heide und den Gefangnen in seiner Zelle angeführt habe, sondern auch den Maler, dem die Welt ein Mummenschanz, und den Dichter, dem die Welt ein Lied ist. Ich erinnre mich, ich sagte einmal zu André Gide, als wir in einem Pariser Café zusammensaßen, die Metaphysik besitze für mich nur geringes wirkliches Interesse und die Moral nicht das mindeste; indessen ließe sich alles, was Plato und Christus gesagt hätten, ohne weiteres auf das Gebiet der Kunst übertragen und fände hier seine vollkommne Erfüllung. In dieser Verallgemeinerung war das ebenso tief wie neu.

Die enge Verbindung von Persönlichkeit und Vollkommenheit, die wir in Christus entdecken können, ist es nicht allein, die den wirklichen Unterschied zwischen klassischer und romantischer Kunst bildet und Christus als den wahren Vorläufer der romantischen Bewegung im Leben erscheinen läßt, sondern die Grundlage seines Wesens war dieselbe, die das Wesen des Künstlers ausmacht: eine starke, lodernde Phantasie. Er empfand in dem ganzen Bereich menschlicher Beziehungen jene Anteilnahme der Phantasie, die in der Kunst das einzige Geheimnis des Schaffens ist. Er begriff die Krankheit des Aussätzigen, das Dunkel des Blinden, das grimme Elend derer, die dem Vergnügen leben, die wundersame Armut der Reichen. Du hast mir in meinem Unglück geschrieben: »Wenn Du nicht auf Deinem Piedestal stehst, bist Du nicht interessant«. Wie weit warst Du von dem entfernt, was Matthew Arnold das »Geheimnis Jesu« nennt! Sie beide hätten Dich belehrt, daß alles, was einen andern trifft, einen selbst trifft; und wenn Du eine Inschrift haben willst, die Du in der Frühe und am Abend lesen kannst, im Schmerz und in der Freude, dann schreib' an die Wände Deines Hauses, daß es die Sonne vergolde und der Mond versilbere: »Alles, was einen andern trifft, trifft einen selbst«.

Christus gehört fürwahr unter die Dichter. Seine ganze Auffassung von der Menschheit entsprang gradeswegs der Phantasie und kann nur von ihr begriffen werden. Was Gott dem Pantheisten war, das war ihm der Mensch. Er hat zuerst die unterschiedlichen Rassen als eine Einheit erfaßt. Vor ihm hatte es Götter und Menschen gegeben; und da er durch eine geheimnisvolle Sympathie fühlte, daß beide in ihm Fleisch geworden waren, nennt er sich den Sohn des einen oder den Sohn des andern, wie es ihm eben beifiel. Mehr als irgend jemand in der Geschichte erweckt er in uns jene Stimmung für das Wunder, an die sich die Romantik allemal wendet. Die Idee hat für mich noch immer fast etwas Unglaubliches an sich, daß ein junger galiläischer Landmann sich vorstellt, er könne auf seinen Schultern die Last der ganzen Welt tragen: alles, was bereits getan und erduldet worden war, und alles, was dereinst noch getan und erduldet werden sollte: die Sünden Neros, Cesare Borgias, Alexanders VI. und dessen, der Kaiser von Rom und Sonnenpriester war; die Leiden derer, deren Zahl Legion ist und die zwischen Gräbern hausen, der unterdrückten Völker, der Kinder in Fabriken, der Diebe, der Sträflinge, der Enterbten, derer, die in ihrer Knechtschaft stumm sind und deren Schweigen nur von Gott vernommen wird; und sich nicht bloß vorstellt, sondern es auch tatsächlich durchsetzt, so daß noch im gegenwärtigen Augenblick alle, die mit seiner Person in Berührung kommen, selbst wenn sie weder vor seinem Altar sich neigen noch vor seinem Priester knien, doch irgendwie die Empfindung haben, daß die Häßlichkeit ihrer Sünde von ihnen genommen und die Schönheit ihres Leidens ihnen offenbart werde.

Ich hatte gesagt: Christus zählt zu den Dichtern. Das ist so. Shelley und Sophokles sind seine Brüder. Doch auch sein ganzes Leben ist das wundervollste Gedicht. Wenn man nach »Furcht und Mitleid« sucht, gibt es nichts im ganzen Sagenkreise der griechischen Tragödie, was sich damit messen könnte. Die makellose Reinheit des Protagonisten erhebt das ganze Gebäude zu einer Höhe romantischer Kunst, von der die Leiden des thebanischen Hauses und der Pelopiden schon durch ihre Greuel ausgeschlossen sind, und zeigt, wie falsch der Ausspruch des Aristoteles in seiner Abhandlung über das Drama ist, der Anblick eines schuldlos Leidenden sei unausstehlich. Weder bei Äschylus noch bei Dante, den strengen Meistern der Zartheit, weder bei Shakespeare, dem am reinsten Menschlichen von allen großen Künstlern, noch in sämtlichen keltischen Mythen und Legenden, darinnen die Lieblichkeit der Welt durch einen Tränennebel blinkt und das Leben eines Menschen nicht mehr gilt als das Leben einer Blume, gibt es irgend etwas, das an ergreifender Einfachheit, die sich der Erhabenheit tragischer Wirkung paart und in ihr aufgeht, dem letzten Akt der Leidensgeschichte Christi gleich oder auch nur nahe käme. Das schlichte Mahl mit seinen Jüngern, von denen ihn einer schon um des Gewinnstes willen verkauft hat; die Seelenangst in dem ruhigen, mondbeglänzten Garten – der falsche Freund tritt dicht an ihn heran, um ihn mit einem Kusse zu verraten; der Freund, der noch an ihn glaubte und auf dem er wie auf einem Felsen eine Zufluchtsstätte für die Menschheit zu gründen gehofft hatte, verleugnet ihn, als der Hahn dem dämmernden Tag entgegenkräht – seine völlige Vereinsamung, seine Unterwürfigkeit und wie er sich allem fügt; daneben wiederum solche Szenen, da der Hohepriester der Orthodoxie im Zorne sein Gewand zerreißt und der Beamte des bürgerlichen Gerichtshofs Wasser holen läßt in der eitlen Hoffnung, sich von dem Fleck unschuldigen Blutes zu reinigen, der ihn zur Scharlachfigur der Geschichte macht; der Krönungsakt mit dem Dornenkranz – eine der wunderbarsten Begebenheiten in den Büchern aller Zeiten – die Kreuzigung des Unschuldigen vor den Augen seiner Mutter und des Jüngers, den er lieb hatte – die Soldaten spielen und würfeln um seine Kleider – der schreckliche Tod, durch den er der Welt ihr ewigstes Symbol gab; und schließlich sein Begräbnis in der Gruft des reichen Mannes – sein Leichnam wird mit kostbaren Spezereien und Wohlgerüchen gesalbt und in ägyptische Leinwand gewickelt, als war er eines Königs Sohn gewesen –: wenn man all das einzig und allein von künstlerischem Standpunkt aus betrachtet, muß man dafür dankbar sein, daß der feierlichste Gottesdienst der Kirche die Darstellung der Tragödie ohne das Blutvergießen ist: die mystische Vorführung der Leidensgeschichte des Herrn mit Hilfe von Dialog, Kostüm und Gesten sogar; und der Gedanke ist für mich stets eine Quelle ehrfürchtiger Erhebung, daß der letzte Überrest des griechischen Chors, der der Kunst sonst verloren gegangen ist, sich in dem Ministranten findet, der dem Messe lesenden Priester antwortet.

Doch in seiner Gesamtheit ist das Leben Christi – so völlig können Leid und Schönheit in ihrer Bedeutung und ihrer Darstellung verschmelzen – wirklich ein Idyll mag es auch damit enden, daß der Vorhang im Tempel zerreißt, Finsternis das Antlitz der Erde bedeckt und der Stein vor des Grabes Tür gewälzt wird. Man stellt sich ihn immer als einen jungen Bräutigam im Kreise seiner Jünger vor, wie er sich ja an einer Stelle beschreibt; als einen Hirten, der mit seinen Schafen durch ein Tal streift auf der Suche nach grünen Auen oder einem kühlenden Strom; als einen Sänger, der die Mauern der Stadt Gottes durch Musik aufbaun möchte; als einen Liebenden, für dessen Liebe die ganze Welt zu klein war. Seine Wunder dünken mich köstlich wie das Nahen des Lenzes und ebenso natürlich. Ich sehe durchaus keine Schwierigkeit darin, an einen solchen Zauber seiner Persönlichkeit zu glauben, daß seine bloße Gegenwart gequälten Seelen Frieden bringen konnte und daß die, welche sein Gewand oder seine Hände berührten, ihres Schmerzes vergaßen; oder daß, wenn er auf der Heerstraße des Lebens vorüberschritt, Leute, denen bisher des Lebens Geheimnis verborgen geblieben war, es deutlich sahen, und daß andre, die jedem Laut ihr Ohr verschlossen hatten außer dem der Lust, zum erstenmal die Stimme der Liebe vernahmen und sie »musikalisch wie Phöbus' Leier« fanden; oder daß üble Leidenschaften bei seiner Ankunft flohen und Menschen, deren stumpfes, phantasieloses Leben nur eine Form des Todes gewesen war, gleichsam aus dem Grabe auferstanden, da er sie rief; oder daß die Menge, als er am Hang des Hügels predigte, ihres Hungers und Durstes und der Sorgen dieser Welt vergaß und daß seinen Freunden, die ihm lauschten, als er beim Mahle saß, die grobe Nahrung wohlschmeckte, das Wasser wie trefflicher Wein mundete und das ganze Haus von dem süßen Duft der Narden erfüllt war.

Renan sagt irgendwo in seinem »Leben Jesu« – dem anmutigen fünften Evangelium, dem Evangelium, das man nach dem heiligen Thomas nennen möchte –: Christi großes Werk sei es gewesen, daß er sich die Liebe, die er bei Lebzeiten besessen, nach seinem Tode zu erhalten gewußt habe. Sicherlich, wenn sein Platz unter den Dichtern ist, so führt er den Reigen der Liebenden. Er erkannte, daß die Liebe an erster Stelle das Geheimnis der Welt sei, nach dem die Weisen ausgeschaut hatten, und daß man sich nur durch Liebe dem Herzen des Aussätzigen und den Füßen Gottes nähern könne.

Vor allem aber: Christus ist der höchste Individualist. Die Demut ist, wie die Künstler alle Erfahrungen hinnehmen, bloß eine Offenbarungsform. Nach der Seele des Menschen fahndet Christus immer. Er nennt sie »das Reich Gottes« – $\tau\eta\nu$ $\beta\alpha\sigma\iota\lambda\epsilon\iota\alpha\nu$ $\tau o\acute{\upsilon}$ $\vartheta\epsilon o\acute{\upsilon}$ – und findet sie bei jedem. Er vergleicht sie mit Kleinigkeiten: einem winzigen Saatkorn, einer Handvoll Sauerteig, einer Perle. Aus dem Grunde: weil man seine Seele nur dadurch ausbildet, daß man alle fremden Leidenschaften, alle erworbne Kultur und allen äußerlichen Besitz – ob gut oder schlecht – abstreift.

Mit der Hartnäckigkeit meines Willens und mehr noch mit dem Widerspruchsgeist meines Wesens bäumte ich mich gegen alles auf, bis ich nichts, gar nichts mehr auf der Welt hatte, als Cyril. Ich hatte meinen Namen, meine Stellung, mein Glück, meine Freiheit, mein Vermögen eingebüßt. Ich war ein Sträfling und bettelarm. Aber noch war mir ein holder Besitz geblieben: meine Söhne. Plötzlich wurden sie mir vom Gesetz genommen. Es war ein so betäubender Schlag, daß ich nicht aus noch ein wußte; ich warf mich auf die Knie, neigte das Haupt, weinte und sprach: »Der Leib eines Kindes ist wie der Leib des Herrn; ich verdiene sie beide nicht«. Dieser Augenblick hat mich, scheint's, gerettet. Damals erkannte ich, daß es nichts andres für mich gäbe, als alles hinzunehmen. Seitdem – so merkwürdig es unzweifelhaft klingen wird – bin ich glücklicher gewesen. Ich hatte nämlich meine Seele in ihrem letzten Wesensgehalt gefunden. In vieler Hinsicht war ich ihr Feind gewesen, aber ich fand, daß sie wie ein Freund auf mich wartete. Wenn man mit der Seele in Berührung kommt, läßt sie einen einfältig werden wie ein Kind, was man nach Christi Worten sein soll.

Es ist tragisch, wie wenige Menschen vor ihrem Tode im Besitze ihrer Seele sind. Emerson sagt: »Nichts ist bei einem Menschen so selten, wie eine eigne Willenshandlung«. Das trifft ganz zu. Die meisten Leute sind andre Leute. Ihre Gedanken sind die Meinungen andrer, ihr Leben Mimikry, ihre Leidenschaften ein Zitat. Christus war nicht nur der größte Individualist, sondern auch der erste in der Geschichte. Man hat versucht, aus ihm einen gewöhnlichen Philanthropen zu machen, vom Schlage der schauderhaften Philanthropen des 19. Jahrhunderts, oder hat ihn als Altruisten unter die Ungebildeten und Gefühlsschwärmer eingereiht. In Wirklichkeit war er weder das eine noch das andre. Gewiß, er hat Mitleid mit den Armen, den Eingekerkerten, den Niedrigen und Elenden; aber er hat viel mehr Mitleid mit den Reichen, den eingefleischten Hedonisten, mit denen, die ihre Freiheit verschwenden, indem sie Sklaven der Dinge werden, mit denen, die weiche Gewänder tragen und in königlichen Schlössern wohnen. Reichtum und Wohlleben schienen ihm größere Tragödien als Armut und Gram. Und was den Altruismus betrifft – wer wußte besser als er, daß es Anlage und nicht Willenskraft ist, was bei uns den Ausschlag gibt, und daß man nicht Trauben von Dornen oder Feigen von Disteln lesen kann?

Für andre leben als bestimmter, einem selbst bewußter Zweck: das war nicht seine Lehre. Nicht die Grundlage seiner Lehre. Wenn er sagt: »Vergebet euren Feinden«, so sagt er es nicht dem Feind zuliebe, sondern um unser selbst willen, und weil Liebe schöner ist als Haß. Wenn er den reichen Jüngling auffordert: »Verkaufe, was du hast, und gib es den Armen«, so denkt er dabei nicht an die Lage der Armen, sondern an die Seele des Jünglings, die liebliche Seele, die der Reichtum ins Verderben zog. In seiner Lebensauffassung ist er eins mit dem Künstler, der weiß, daß infolge des unvermeidlichen Gesetzes der Selbstvollendung der Dichter singen, der Bildhauer in Bronze denken, der Maler die Welt zum Spiegel seiner Stimmungen machen muß, so unbedingt sicher, wie der Hagedorn im Frühling blühn, das Getreide im Herbst zur goldnen Frucht reifen und der Mond auf seiner vorgezeichneten Bahn von der Scheibe zur Sichel, von der Sichel zur Scheibe werden muß.

Hat Christus also nicht zu den Menschen gesprochen: »Lebet für andere«, so hat er vielmehr dargetan, daß gar kein Unterschied zwischen dem Leben der andern und unserm eignen Leben besteht. Hierdurch gab er dem Menschen eine ausgedehnte, titanische Persönlichkeit Seitdem er erschienen, ist die Geschichte jedes einzelnen Individuums die Weltgeschichte oder kann dazu werden. Freilich, die Kultur hat die Persönlichkeit des Menschen gesteigert. Die Kunst hat unsern Myriadengeist geschaffen. Wer das Künstlernaturell besitzt, der geht mit Dante ins Exil und lernt, wie salzig das Brot der andern ist und wie steil ihre Stufen sind; der erlangt einen Augenblick die heitere Ruhe Goethes und weiß dennoch nur zu gut, daß Baudelaire zu Gott aufschrie:

»O Seigneur, donnez-moi la force et le courage
De contempler mon corps et mon coeur sans dégoût«.

Aus Shakespeares Sonetten holt er – sich selbst vielleicht zum Schaden – das Geheimnis seiner Liebe heraus und macht es sich zu eigen; er sieht mit andern Augen das moderne Leben, weil er einem von Chopins Nocturnen gelauscht oder sich mit griechischen Künsten abgegeben oder die Geschichte der Leidenschaft eines toten Mannes gelesen hat zu einer toten Frau, deren Haar feinen Goldfäden, deren Mund einem Granatapfel glich. Aber das Mitfühlen des künstlerischen Temperaments richtet sich notwendigerweise auf das, was zum Ausdruck gelangt ist. In Worten oder Farben, in Tönen oder Marmor, hinter den gemalten Masken eines Äschyleischen Dramas oder durch die durchbohrten und aneinandergefügten Schilfrohre eines sizilischen Hirten muß der Mensch und seine Sendung offenbart worden sein.

Dem Künstler ist Ausdruck die einzige Form, unter der er das Leben überhaupt begreifen kann. Für ihn ist tot, was stumm ist. Anders bei Christus. Mit einer wunderbar umfangreichen Phantasie, die einen gradezu mit heiliger Scheu erfüllt, erkor er die ganze Welt des Unausgesprochnen, die Welt des Schmerzes, die keine Stimme hat, zu seinem Königreich und machte sich zu ihrem ewigen Sprachrohr. Die, von denen ich schon gesprochen habe, die unter einem Druck stumm sind und »deren Schweigen nur von Gott vernommen wird«, wählte er sich zu Brüdern. Er suchte, das Auge des Blinden, das Ohr des Tauben und ein Notschrei auf den Lippen derer zu werden, denen die Zunge gebunden war. Sein Wunsch war es, den Myriaden, die keine Sprache gefunden hatten, eine Drommete zu sein, durch die sie zum Himmel rufen könnten. Und da er mit der Künstlernatur eines, dem Leiden und Kummer Formen waren, durch die er seinen Schönheitsbegriff verwirklichen konnte, empfand, daß eine Idee wertlos sei, bis sie Fleisch wird und zum Bilde, so machte er aus sich das Bild des Leidenden, und als solches hat er die Kunst angeregt und beherrscht, wie es niemals einem griechischen Gotte gelang.

Denn die griechischen Götter waren trotz dem Weiß und Rot ihrer schönen, geschmeidigen Glieder in Wirklichkeit nicht das, was sie zu sein schienen. Die geschwungene Stirn Apolls glich der Sonnenscheibe, die in der Dämmerung über einem Hügel steht, und seine Füße den Fittichen des Morgens; aber er selbst war grausam gegen Marsyas gewesen und hatte Niobe ihrer Kinder beraubt. In den Stahlschilden der Augen Athenes blitzte kein Erbarmen mit Arachne; die prunkvolle Hoheit und die Pfauen Heras waren alles, was wirklich vornehm an ihr war; und der Vater der Götter selbst hatte die Menschentöchter zu gern gehabt. Die beiden bedeutungsvollsten Gestalten der griechischen Mythologie waren in der Religion Demeter, eine irdische Gottheit, keine der Olympischen, und in der Kunst Dionys, der Sohn einer Sterblichen, für die der Augenblick seiner Geburt auch zum Augenblick ihres Todes geworden.

Aber das Leben selbst brachte aus seiner untersten, bescheidensten Schicht eine weit herrlichere Gestalt hervor, als die Mutter Proserpinas oder den Sohn der Semele. Aus der Zimmermannswerkstatt in Nazareth war eine unendlich größere Persönlichkeit hervorgegangen, als je eine in Mythe und Sage erstandene, eine Persönlichkeit, die seltsamerweise dazu bestimmt war, der Welt die geheimnisvolle Bedeutung des Weins und die wahre Schönheit der Lilien des Feldes zu enthüllen, wie es keiner je auf dem Kithäron oder in Enna getan hatte.

Die Worte Jesaias: »Er war der allerverachtetste und unwerteste, voller Schmerzen und Krankheit. Er war so verachtet, daß man das Angesicht vor ihm verbarg«, hatten ihm wie eine Vorankündigung seiner selbst geklungen, und die Prophezeiung ward an ihm erfüllt. Wir brauchen einen solchen Ausdruck nicht zu scheun. Jedes Kunstwerk ist die Erfüllung einer Prophezeiung; denn jedes Kunstwerk ist die Umwandlung einer Idee in ein Bild. Jedes menschliche Wesen sollte die Erfüllung einer Prophezeiung sein; denn jedes menschliche Wesen sollte die Verwirklichung eines Ideals sein, entweder in den Augen Gottes oder der Menschen. Christus fand den Typus und legte ihn fest, und der Traum eines Virgilischen Dichters in Jerusalem oder Babylon verkörperte sich im langen Lauf der Jahrhunderte in ihm, auf dessen Ankunft die Welt harrte. »Seine Gestalt war häßlicher denn anderer Leute und sein Ansehen denn der Menschen Kinder«: das hatte Jesaia unter den Erkennungsmerkmalen des neuen Ideals aufgezeichnet; und sobald die Kunst verstand, was damit gemeint war, brach sie auf wie ein Blumenkelch in Gegenwart dessen, an dem die Wahrheit in der Kunst zutage trat wie nie zuvor. Denn ist nicht Wahrheit in der Kunst, wie ich schon sagte, das, worin »das Äußere Ausdruck des Innern, worin die Seele Fleisch und der Leib vom Geiste belebt« ist, worin die Form sich offenbart?

Für mich gehört es mit zum Bedauerlichsten in der Geschichte, daß die richtige christliche Renaissance, die den Dom in Chartres, den Legendenzyklus von König Arthur, das Leben des Heiligen Franz von Assisi, die Kunst Giottos und Dantes Göttliche Komödie hervorgebracht hat, in ihrer eignen Bahn sich nicht weiter entwickeln durfte, sondern gehemmt und verdorben wurde von der traurigen klassischen Renaissance, die uns Petrarca schenkte und Raphaels Fresken und Palladios Architektur und die formenstarre französische Tragödie und die St. Paulskirche und Popes Dichtung und alles, was von außen und nach toten Regeln gemacht ist, statt von innen zu kommen aus einem belebenden Geiste. Allein überall, wo es eine romantische Bewegung in der Kunst gibt, ist irgendwie und unter irgendeiner Gestalt Christus oder Christi Seele. Er ist in »Romeo und Julia«, im »Wintermärchen«, in der provençalischen Poesie, im »Alten Matrosen«, in der »Belle Dame sans merci« und in Chattertons »Ballade von der Barmherzigkeit«.

Wir verdanken ihm die unterschiedlichsten Dinge und Menschen. »Les Misérables« von Hugo, Baudelaires »Fleurs du Mal«, die Mitleidsnote in russischen Romanen, Verlaine und seine Gedichte, das bunte Glas, die Tapeten und die Quattrocento-Arbeiten von Burne-Jones und Morris gehören ebenso zu ihm wie der Glockenturm Giottos, Lancelot und Guinevere, Tannhäuser, die qualvollen romantischen Marmorwerke Michelangelos und der Spitzbogenstil. Auch die Liebe zu Kindern und Blumen. Für beide war in der klassischen Kunst nur wenig Raum übrig, kaum so viel, daß sie darin wachsen und spielen konnten; doch vom zwölften Jahrhundert an bis herab zu unsern Tagen sind sie immerwährend unter verschiedenen Formen und zu verschiedenen Zeiten erschienen – launenhaft und eigenwillig, wozu Kinder, wozu Blumen neigen. Der Lenz machte einem stets den Eindruck, als ob sich die Blumen versteckt hielten und nur ans Licht der Sonne träten, aus Furcht, Erwachsene möchten es müde werden, nach ihnen auszuschaun, und nicht weiter suchen. Und das Leben eines Kindes war nicht mehr als ein Apriltag, an dem die Narzisse bald Regen, bald Sonnenschein hat.

Das Phantasiereiche in Christi eignem Wesen macht ihn zum Puls und Mittelpunkt der Romantik. Die seltsamen Gestalten des poetischen Dramas und der Ballade werden von der Phantasie andrer erdacht, aber völlig aus seiner eignen Phantasie erschuf sich Jesus von Nazareth. Der Prophetenruf Jesaias hatte wirklich mit seinem Erscheinen nicht mehr zu tun, als das Lied der Nachtigall mit dem Aufgang des Mondes – nicht mehr, doch vielleicht auch nicht weniger. Er war sowohl die Verneinung wie die Bestätigung des Prophetenwortes. Auf jede Erwartung, die er erfüllte, kam eine andre, die er vernichtete. »In aller Schönheit«, sagt Bacon, »liegt eine absonderliche Proportion«, und von denen, die vom Geiste geboren, will sagen: die wie er dynamische Kräfte sind, sagt Christus, daß sie dem Winde gleichen, der »bläset, wo er will, aber du weißt nicht, von wannen er kommt und wohin er fährt«. Darum bezaubert er Künstler so. Ihm eignen alle farbigen Lebenselemente: Rätsel, Neuheit, Pathos, Anregung, Verzückung, Liebe. Er spricht das für Wunder empfängliche Naturell an und erzeugt jene Stimmung, aus der heraus er einzig verstanden werden kann.

Und mit Freuden denke ich daran, daß, wenn er ganz und gar ›aus Einbildung besteht‹, die Welt aus demselben Stoffe ist. Im »Dorian Gray« habe ich gesagt, die großen Sünden der Welt vollzögen sich im Hirn. Im Hirn vollzieht sich aber alles. Wir wissen jetzt, daß wir nicht mit dem Auge sehn und nicht mit dem Ohre hören. Auge und Ohr sind in Wirklichkeit zweckdienliche oder unzulängliche Leitungskanäle der Sinneseindrücke. Im Hirn ist der Mohn rot, duftet der Apfel, singt die Feldlerche.

Seit einiger Zeit studiere ich mit heißem Bemühn die vier Prosagedichte, die von Christus handeln. Zu Weihnachten gelang es mir, ein griechisches Testament aufzutreiben, und jeden Morgen, wenn ich meine Zelle gereinigt und mein Zinngeschirr geputzt hatte, las ich ein wenig in den Evangelien, ein Dutzend Verse, aufs Geratewohl herausgegriffen. Es ist eine entzückende Art, damit den Tag zu beginnen. Jeder, selbst wenn er ein stürmisches, schlecht geregeltes Leben führt, sollte es tun. Endlose Wiederholung – zur rechten Zeit und unzeitgemäß – hat uns die Frische, die Naivität, den schlichten, romantischen Zauber der Evangelien verdorben. Wir hören sie viel zu oft und viel zu schlecht lesen, und alle Wiederholung ist geisttötend. Kehrt man aber zum Griechischen zurück, so ist es, als träte man aus enger, dunkler Stube in einen Liliengarten.

Und mir wird die Freude verdoppelt durch die Erwägung, daß wir höchst wahrscheinlich die tatsächlichen Ausdrücke, ipsissima verba Christi vor uns haben. Früher herrschte allgemein die Ansicht, Christus habe aramäisch gesprochen. Sogar Renan dachte es noch. Jetzt aber wissen wir, daß die Bauern in Galiläa zwei Sprachen redeten, wie heutzutage die irischen Bauern, und daß Griechisch in ganz Palästina, ja im ganzen Orient die übliche Verkehrssprache war. Ich konnte mich nie mit dem Gedanken befreunden, daß wir die eignen Worte Christi nur durch die Übersetzung einer Übersetzung kennen sollten. Mit Entzücken denke ich jetzt daran, daß Charmides seiner Unterhaltung zugehört, Sokrates mit ihm philosophiert, Plato ihn verstanden haben könnte; daß er wirklich sagte: »Ἐγώ εἰμι ὁ ποιμὴν ὁ καλός«; daß, als er der Lilien auf dem Felde gedachte, die nicht arbeiten und nicht spinnen, sein Ausdruck unbedingt lautete: »Καταμάθετε τὰ κρίνα τοῦ ἀγροῦ πῶς αὐξάνει· οὐ κοπιᾷ, οὐδὲ νήθει«; und daß sein letztes Wort, als er ausrief: »Mein Leben ist zu Ende, hat seine Erfüllung gefunden, ist vollendet«, genau hieß, wie Johannes uns mitteilt: »Τετέλεσται« – nichts weiter.

Beim Lesen der Evangelien – zumal dessen, das Johannes selbst verfaßt hat oder sonst ein Gnostiker der Frühzeit, der seinen Namen als Deckmantel benutzte – erblicke ich darin, wie sich die Phantasie beständig geltend macht, die Grundlage alles geistigen und materiellen Lebens, sehe ich ferner, daß für Christus die Phantasie einfach eine Form der Liebe und die Liebe im vollsten Sinne des Wortes Herr war.

Ungefähr vor sechs Wochen erlaubte mir der Arzt, Weißbrot zu essen statt des groben schwarzen oder braunen Brotes, der üblichen Gefängniskost. Es ist ein Leckerbissen. Es wird seltsam klingen, daß einem trocknes Brot ein Leckerbissen sein kann. Mir ist es das so sehr, daß ich nach jeder Mahlzeit sorgsam alle Krumen esse, die auf meinem Zinnteller übrig geblieben oder auf das rauhe Handtuch gefallen sind, das man über seinen Tisch deckt, um ihn nicht zu beschmutzen; ich tue es nicht aus Hunger – jetzt bekomme ich völlig ausreichend zu essen – sondern einfach, damit nichts von dem, was man mir gibt, verschwendet werde. So soll man es mit der Liebe halten.

Christus besaß, wie alle bestrickenden Persönlichkeiten, die Gabe, nicht nur selbst Schönes zu sagen, sondern sich auch von andern Schönes sagen zu lassen. Ich liebe die Geschichte, die uns Markus von dem griechischen Weib erzählt, das, als Jesus, um ihren Glauben zu prüfen, zu ihr sprach, er könne ihr nicht das Brot der Kinder Israels geben, ihm antwortete: »Die Hündlein – χυνάρια – unter dem Tische essen von den Brosamen der Kinder«. Die meisten Menschen leben für Liebe und Bewunderung. Von Liebe und Bewunderung sollten wir leben. Erweist man uns Liebe, so sollten wir erkennen, daß wir ihrer ganz unwert sind. Niemand verdient geliebt zu werden. Die Tatsache, daß Gott die Menschen liebt, zeigt uns, daß in der göttlichen Anordnung der ideellen Güter geschrieben steht, ewige Liebe solle dem ewig Unwürdigen geschenkt werden. Oder, wenn der Satz zu bitter klingt, sagen wir so: jeder verdient Liebe, nur der nicht, der glaubt, daß er sie verdiene. Die Liebe ist ein Sakrament, das man kniend empfangen soll, und »Domine, non sum dignus« müßte auf den Lippen und im Herzen derer sein, die es erhalten.

Wenn ich je wieder schreibe, ich meine: ein Kunstwerk schaffe, möchte ich mich just über und durch zwei Themen äußern: das eine heißt »Christus als Vorläufer der romantischen Bewegung im Leben«; das andre »Künstlerleben und Lebenskunst«. Das erste ist natürlich außerordentlich verlockend; denn ich erblicke in Christus nicht nur die wesentlichen Merkmale des höchsten romantischen Typus, sondern auch alles Zufällige, sogar die Eigenwilligkeiten des romantischen Temperaments. Er hat als erster die Menschen aufgefordert, ein ›blumengleiches Leben‹ zu führen. Er hat den Ausdruck geprägt. Er sah in Kindern das Vorbild dessen, was man streben soll zu werden. Er stellte sie älteren Leuten als Muster hin; das habe auch ich stets für den Hauptzweck der Kinder gehalten, sofern das Vollkommne einen Zweck haben soll. Dante beschreibt die Seele eines Menschen, wie sie aus der Hand des Schöpfers hervorgeht, »weinend und lachend wie ein kleines Kind«, und auch Christus erkannte, daß die Seele eines jeden »a guisa di fanciulla che piangendo e ridendo pargoleggia« sein soll. Er fühlte, daß das Leben wechselvoll, flüssig, handlungsreich und daß es der Tod sei, es in irgendeine starre Form zwängen zu lassen. Er sah ein, daß die Menschen die materiellen Interessen des Tages nicht zu ernst nehmen dürften; daß es etwas Großes sei, unpraktisch zu sein; daß man sich nicht zu viel Gedanken über den Lauf der Welt machen dürfe. Die Vögel kümmerten sich ja auch nicht darum, warum also die Menschen? Es ist köstlich, wenn er sagt: »Sorget nicht für den anderen Morgen! Ist nicht das Leben mehr denn die Speise? und der Leib mehr denn die Kleidung?« Ein Grieche hätte das letzte sagen können, so sehr spricht sich darin griechisches Fühlen aus. Aber Christus allein konnte beides sagen und damit für uns die Summe des Lebens zusammenfassen.

Seine Moral ist durchaus Liebe, eben was Moral sein soll. Hätte er nichts weiter gesagt als: »Ihr sind viele Sünden vergeben, denn sie hat viel geliebet«, es hätte sich verlohnt, für ein solches Wort zu sterben. Seine Gerechtigkeit ist durchaus poetische Gerechtigkeit, genau das, was Gerechtigkeit sein soll. Der Bettler kommt in den Himmel, weil er unglücklich gewesen ist. Ich kann mir keinen besseren Grund dafür denken. Die Leute, die eine Stunde am kühlen Abend im Weinberg arbeiten, erhalten ebensoviel Belohnung wie die, welche sich den ganzen Tag über in der heißen Sonne abgemüht haben. Warum auch nicht? Wahrscheinlich hat keiner etwas verdient. Oder es waren vielleicht Menschen von verschiedener Art. Christus konnte die stumpfen, leblosen, mechanischen Systeme nicht ausstehn, die Menschen wie Dinge und folglich alle gleich behandeln. Gesetze gab es für ihn nicht, nur Ausnahmen, als ob jeder und jedes seinesgleichen nicht noch einmal auf der Welt hätte.

Das, was der Grundton der romantischen Kunst ist, war für ihn die eigentliche Basis des natürlichen Lebens. Eine andre sah er nicht. Und als man ein Weib zu ihm brachte, das auf frischer Tat im Ehebruch ergriffen war, und ihm ihr Urteil, wie es im Gesetz geschrieben stand, vorwies und ihn fragte, was geschehn solle, da schrieb er mit dem Finger auf die Erde, wie wenn er sie nicht höre, und als sie von neuem in ihn drangen, da blickte er schließlich auf und sprach: »Wer unter euch ohne Sünde ist, der werfe den ersten Stein auf sie«. Es verlohnte sich, für ein solches Wort zu leben.

Wie alle Dichternaturen, liebte er Ungebildete. Er wußte, daß in der Seele eines Ungebildeten stets Raum für eine große Idee ist. Aber Dumme waren ihm unerträglich, besonders die, welche die Erziehung verdummt hat: Leute, die voll Ansichten sind, davon sie keine einzige wirklich verstehn – ein vornehmlich moderner Typus, den Christus zusammenfassend als den Typus dessen beschreibt, der den Schlüssel zum Wissen hat, ihn selbst nicht gebrauchen kann und andern den Gebrauch nicht gestattet, wenn der Schlüssel auch dazu da ist, das Tor zum Reiche Gottes zu öffnen.

Sein Hauptkrieg war gegen die Philister gerichtet. Diesen Krieg hat jedes Kind des Lichts zu führen. Das Philistertum war das Kennzeichen des Zeitalters und des Staates, darin er lebte. In ihrer schwerfälligen Unzugänglichkeit, ihrer stumpfen Ehrbarkeit, ihrer langweiligen Orthodoxie, ihrer Anbetung der Tagesgötzen, ihrer völligen Befangenheit in grob materialistischen Lebensfragen, ihrem lächerlichen Selbstdünkel und ihrer Wichtigtuerei waren die Juden in Jerusalem zur Zeit Christi genau das Seitenstück zum britischen Philister unsrer Tage. Christus verspottete die »übertünchten Gräber« der Ehrbarkeit und hat diesen Ausdruck für alle Zeiten geprägt. Er behandelte den weltlichen Erfolg als etwas durchaus Verächtliches. Er sah gar nichts darin. Er betrachtete den Reichtum als eine Beschwer für den Menschen. Er wollte von einem Leben nichts wissen, das irgendeinem philosophischen oder ethischen System geopfert wird. Er setzte auseinander, daß Formen und Bräuche für den Menschen da seien, aber nicht der Mensch für Formen und Bräuche. Er hielt die Sabbatheiligung für etwas Nichtiges. Die kalte Philanthropie, das Schaugepränge der öffentlichen Wohltätigkeitsanstalten, der lästige Formalismus, den der Spießbürgerverstand so liebt, wurden von ihm mit äußerstem, unerbittlichem Hohn gegeißelt. Uns ist, was Orthodoxie heißt, bloß ein bequemes, geistloses Ja- und Amen-Sagen; ihnen aber und in ihrer Hand war es eine furchtbare, lähmende Tyrannei. Christus räumte damit auf. Er zeigte, daß der Geist allein von Wert sei. Es bereitete ihm hohe Lust, ihnen klarzumachen, daß sie zwar beständig das Gesetz und die Propheten läsen, in Wirklichkeit aber nicht die geringste Ahnung hätten, was beide bedeuteten. Im Gegensatz zu ihnen, die jeden einzelnen Tag mit seiner starren Schablone vorgeschriebener Pflichten verzehnteten, ebenso wie sie Minze und Raute verzehnten, predigte er, wie es über alle Maßen wichtig sei, durchaus dem Augenblick zu leben.

Die er von ihren Sünden erlöste, die werden einfach um schöner Momente willen in ihrem Leben erlöst. Als Maria Magdalena Christus erblickt, zerbricht sie die kostbare Alabastervase, die einer ihrer sieben Liebhaber ihr geschenkt hat, und gießt die wohlriechenden Salben über seine ermüdeten, staubigen Füße aus; dieses einen Moments wegen sitzt sie für alle Zeiten mit Ruth und Beatrice unter den Gewinden aus schneeweißen Rosen im Paradiese. Alles, was Christus in leise mahnendem Tone zu uns spricht, ist, daß jeder Augenblick schön, daß die Seele stets zur Ankunft des Bräutigams gerüstet sein und immer auf die Stimme des Liebenden warten soll, wobei das Philistertum einfach der Teil des menschlichen Wesens ist, der nicht von der Phantasie erhellt wird. Christus betrachtet alle lieblichen Einflüsse des Lebens als Lichtgattungen: die Phantasie selbst ist das Weltlicht, τὸ φως τον χόσμον. Die Welt ist von ihr erschaffen, und sie kann es doch nicht fassen; das kommt daher, daß die Phantasie nur eine Offenbarung der Liebe ist, und die Liebe und die Innigkeit zu lieben unterscheiden ein Geschöpf vom andern.

Aber wenn er es mit einem Sünder zu tun hat, ist Christus am romantischsten im Sinne von am wirklichsten. Die Welt hatte von jeher den Heiligen als die nächstmögliche Stufe zur

Vollendung Gottes geliebt. Christus scheint vermöge eines göttlichen Instinkts den Sünder von jeher als die nächstmögliche Stufe zur Vollendung des Menschen geliebt zu haben. Sein vornehmlichster Zweck war nicht, die Leute zu bessern, so wenig wie es sein vornehmlichster Zweck war, Leiden zu lindern. Ihm kam es nicht darauf an, einen interessanten Dieb in einen langweiligen Ehrenmann zu verwandeln. Er hätte von der Gesellschaft zur Unterstützung haftentlassener Sträflinge und ähnlichen modernen Bestrebungen wenig gehalten. Die Bekehrung eines Zöllners zu einem Pharisäer wäre ihm nicht als Heldentat erschienen. Doch in einer von der Welt noch nicht begriffenen Weise erachtete er Sünde und Leiden als etwas an sich Schönes und Heiliges, als Grade der Vollendung.

Das klingt sehr gefährlich. Ist es auch – alle großen Ideen sind gefährlich. Daß dies Christi Glaube war, daran ist kein Zweifel möglich. Daß es der wahre Glaube ist, bezweifle ich selbst nicht.

Der Sünder muß natürlich bereun. Aber warum? Einfach aus dem Grunde, weil er sonst nicht imstande wäre, das, was er getan hat, zu begreifen. Der Moment der Reue ist der Moment der Weihe. Ja, noch mehr: ist das Mittel, durch das man seine Vergangenheit ändert. Die Griechen hielten das für unmöglich. In ihren Sinnsprüchen heißt es oft: »Nicht einmal die Götter können die Vergangenheit ändern«. Christus zeigte, daß der gemeinste Sünder dazu in der Lage sei; daß es das einzige sei, was er tun könne. Hätte man Christus gefragt, er würde – ich bin dessen ganz sicher – gesagt haben, daß der verlorene Sohn, nachdem er sein Gut mit Dirnen verpraßt und dann die Schweine gehütet und Hunger gelitten und nach den Trebern begehrt hatte, die sie aßen, in dem Augenblick, da er auf die Knie fiel und weinte, all das zu schönen und heiligen Momenten seines Lebens machte. Den meisten Menschen wird es schwer, den Gedanken zu fassen. Vielleicht muß man im Gefängnis gewesen sein, um ihn zu verstehn. Dann verlohnte es sich der Mühe, im Gefängnis zu sitzen.

Christi Gestalt hat etwas so Einziges. Gewiß, grade so wie es trügerische Lichtschimmer vor der Dämmerung gibt und Wintertage, an denen die Sonne plötzlich so hell scheint, daß sie den vorsichtigen Krokus verlocken, sein Gold vor der Zeit zu verschwenden, und ein törichter Vogel seinem Weibchen zuruft, das Nest auf kahlen Zweigen zu baun: so gab es Christen vor Christus. Dafür müßten wir dankbar sein. Leider hat es nur seitdem keine mehr gegeben. Mit einer Ausnahme: Franz von Assisi. Aber ihm hatte Gott bei seiner Geburt die Seele eines Dichters verliehn, so wie er selbst, da er noch ganz jung war, in mystischer Ehe die Armut zu seiner Braut erkoren hatte; und mit der Seele eines Dichters und dem Leib eines Bettlers fand er den Weg zur Vollendung nicht schwer. Er verstand Christus und ward ihm dadurch ähnlich. Wir wollen nicht vom Liber Conformitatum belehrt sein, daß das Leben des Heiligen Franz die wahre Imitatio Christi gewesen sei – ein Gedicht, im Vergleich mit dem das Buch jenes Namens bare Prosa ist.

In der Tat, das ist in letztem Betracht der Reiz, der von Christus ausgeht: er gleicht völlig einem Kunstwerk. Er lehrt uns wirklich nichts, aber dadurch, daß wir mit ihm in Berührung kommen, werden wir etwas. Und jeder ist dazu prädestiniert. Einmal mindestens im Leben geht jeder Mensch mit Christus nach Emmaus.

Was das andre Thema betrifft, »Künstlerleben und Lebenskunst«, so wirst Du es zweifellos merkwürdig finden, daß ich es mir wähle. Die Menschen deuten auf das Zuchthaus in Reading und sagen: »Dahin führt einen das Künstlerleben«. Nun, es könnte zu noch schlimmeren Stätten führen. Banausen, denen das Leben eine scharfsinnige Spekulation ist, die sich aus einer sorgfältigen Berechnung der Mittel und Wege ergibt, wissen immer, wohin sie gehn, und gehn dahin. Sie treten mit dem idealen Lebenszweck auf den Plan, Kirchendiener zu werden, und einerlei, auf welchen Posten man sie stellt, es gelingt ihnen. Mehr nicht. Wer danach trachtet, etwas zu werden, das nicht in ihm liegt: Parlamentsmitglied, ein erfolgreicher Gewürzkrämer, ein hervorragender Anwalt, Richter oder sonst etwas gleich Langweiliges, sieht allemal sein Streben von Erfolg gekrönt. Das ist seine Strafe. Wer eine Larve will, muß sie tragen.

Doch mit den treibenden Kräften des Lebens und denen, die diese Kräfte verkörpern, verhält es sich anders. Menschen, die nur auf die Entfaltung ihres eignen Ichs aus sind, wissen niemals, wohin ihr Weg sie führt. Sie können es nicht wissen. In einer Bedeutung des Wortes ist es natürlich nötig, wie es das griechische Orakel verlangte, sich selbst zu kennen; das ist der erste Schritt zu allem Wissen. Aber die Erkenntnis, daß die Menschenseele unergründlich sei, ist der Weisheit letzter Schluß. Wir selbst sind das Endgeheimnis. Hat man die Sonne auf die Wagschale gelegt, den Lauf des Mondes gemessen und die sieben Himmel Stern für Stern auf der Karte verfolgt, so bleibt noch eins übrig: wir selbst. Wer kann die Bahn seiner eignen Seele berechnen? Als der Sohn ausging, seines Vaters Eselinnen zu suchen, wußte er nicht, daß ein Mann Gottes mit dem Krönungssalböl auf ihn wartete und daß seine Seele bereits die Seele eines Königs war.

Ich hoffe, so lange am Leben zu bleiben und solche Werke zu schaffen, daß ich am Ende meiner Tage sprechen darf: »Da seht ihr es nun, wohin das Künstlerleben einen Menschen führt!« Zu dem Vollkommensten, das mir im Bereich meiner Erfahrung begegnet ist, gehört das Leben Verlaines und das des Fürsten Kropotkin. Beides Männer, die jahrelang im Gefängnis gesessen haben: Verlaine der einzige christliche Dichter seit Dante; der andre ein Mann mit der Seele jenes schönen, weißen Christus, der aus Rußland hervorzugehn scheint. Und während der letzten sieben oder acht Monate habe ich, trotz einer Reihe großer Unannehmlichkeiten, die ohne Unterbrechung von der Außenwelt an mich herangetreten sind, enge Fühlung unterhalten mit einem neuen Geist, der in diesem Gefängnis Menschen und Dinge beseelt und mir mehr, als ich es in Worten auszudrücken vermöchte, zugute gekommen ist. Habe ich im ersten Jahre meiner Haft nichts andres getan und kann ich mich an nichts andres erinnern, als daß ich in ohnmächtiger Verzweiflung die Hände rang und ausrief: »Was für ein Ende, was für ein entsetzliches Ende!« so versuche ich jetzt mir zu sagen und sage auch manchmal, wenn ich mich nicht selbst quäle, wirklich und aufrichtig: »Was für ein Anfang, was für ein wunderbarer Anfang!« Das mag es wahrhaft werden. Und wenn es dazu kommt, so verdanke ich viel der neuen Persönlichkeit, die das Leben aller an diesem Orte geändert hat. Die Dinge an sich sind von geringer Bedeutung – laßt uns wenigstens einmal der Philosophie für etwas danken, das sie uns gelehrt hat – ich meine nicht die Vorschriften, denn die sind nach eisernen Regeln bestimmt, sondern den Geist, der in ihnen waltet.

Du kannst das ermessen, wenn ich sage: wär' ich letzten Mai auf freien Fuß gesetzt worden, wie ich es versuchte, ich hätte diesen Ort voll Abscheu verlassen und alle Beamten hier mit so bittrem Hasse, daß er mein Leben vergiftet hätte. Ich mußte noch ein Jahr im Kerker bleiben, aber Menschlichkeit war für uns alle ins Gefängnis eingezogen; und wenn ich jetzt loskomme, werde ich mich stets der großen Freundlichkeit erinnern, die ich hier fast von allen erfahren habe, und am Tage meiner Entlassung werde ich vielen vielmals danken und sie bitten, sich meiner mitunter zu erinnern.

Die Gefängniseinrichtungen sind durch und durch verkehrt. Ich gäbe alles darum, wenn ich hierin später Wandel schaffen könnte. Ich habe auch vor, es zu versuchen. Aber nichts in der Welt ist so verkehrt, daß der Geist der Humanität, der der Geist der Liebe ist, der Geist Christi, den man nicht in Kirchen antrifft, es wenn auch nicht ins rechte Geleise bringen, so doch ohne allzu große Verbitterung erträglich machen könnte.

Ich weiß ferner, daß draußen vieles meiner harrt, was entzückend ist: von dem angefangen, was der Heilige Franz von Assisi »meinen Bruder den Wind und meine Schwester das Wasser« nennt – beides eine Wonne –, bis zu den Schaufenstern und den Sonnenuntergängen der Großstädte. Wenn ich eine Liste machen wollte von alledem, was mir noch bleibt, ich wüßte nicht, wo ich aufhören sollte: denn wahrlich, Gott hat die Welt ebenso gut für mich wie für irgend jemand erschaffen. Vielleicht trete ich hinaus im Besitze von etwas, das ich zuvor nicht hatte. Ich brauche Dir nicht zu sagen, daß für mich Moralreformen ebenso bedeutungslos und abgeschmackt sind wie theologische Reformen. Aber während es unwissenschaftliche Heuchelei wäre, wollte man sich vornehmen, ein besserer Mensch zu werden, ist es das Vorrecht dessen, der gelitten, ein tieferer Mensch geworden zu sein. Und das bin ich, glaube ich, geworden.

Gäbe nach meiner Entlassung einer meiner Freunde ein Fest und lüde mich nicht dazu ein, so wäre mir gar nichts daran gelegen. Ich kann mit mir selbst ganz glücklich sein. Mit Freiheit,

Blumen, Büchern und dem Monde – wer könnte nicht ganz glücklich sein? Außerdem passen Feste nicht mehr zu mir. Ich habe zu viele gegeben, um ihnen noch einen Reiz abzugewinnen. Dieser Teil des Lebens ist für mich vorüber, sehr zu meinem Glück, möchte ich sagen. Aber wenn nach meiner Entlassung einer meiner Freunde einen Kummer hätte und mir nicht gestatten wollte, ihn zu teilen, das würde ich schmerzlich empfinden. Wenn er mir die Tore des Trauerhauses verschlösse, würde ich immer wieder kommen und um Einlaß bitten, damit ich an dem Anteil hätte, wozu ich befugt wäre. Wenn er mich für unwürdig hielte, für ungeeignet, mit ihm zu weinen, würde ich es als die grausamste Erniedrigung betrachten, als die schrecklichste Art, auf die mir ein Schimpf zugefügt werden könnte. Aber das wäre ja gar nicht möglich. Ich habe ein Recht, den Gram zu teilen; wer die Lieblichkeit der Welt schaun, ihren Gram teilen und etwas von dem Wunderbaren, das in beiden liegt, ermessen kann, der steht in unmittelbarer Berührung mit göttlichen Dingen und ist Gottes Geheimnis so nahe gekommen, wie es irgend jemand vermag.

Vielleicht dringt auch in meine Kunst, nicht minder als in mein Leben, eine noch tiefere Note, eine Note von größerer Einheitlichkeit der Leidenschaft und stärkerer Unmittelbarkeit. Intensität, nicht Extensität ist das wahre Ziel der modernen Kunst. Wir haben es in der Kunst nicht mehr mit dem Typus zu tun, sondern mit der Ausnahme. Ich kann meine Leiden nicht in eine Form bringen, die sie gehabt haben – das brauche ich kaum zu sagen. Die Kunst fängt erst da an, wo die Nachahmung aufhört; aber etwas muß in mein Werk kommen: ein vollerer Wortklang vielleicht, reichere Melodie, seltsamere Wirkungen, ein schlichteres architektonisches Gefüge – auf jeden Fall ästhetische Werte.

Als Marsyas ›aus der Scheide seiner Glieder gezogen wurde‹ – della vagina delle membra sue, um eins von Dantes furchtbarsten, taciteischen Bildern zu gebrauchen – da war es mit seinem Lied zu Ende, sagten die Griechen. Apollo war Sieger geblieben. Die Hirtenflöte war der Leier unterlegen. Aber vielleicht befanden sich die Griechen im Irrtum. Ich höre in der modernen Kunst vielfach den Schrei des Marsyas: bitter bei Baudelaire, süß und klagend bei Lamartine, geheimnisvoll bei Verlaine. In den hingehaltenen Auflösungen der Chopinschen Musik. In dem Mißvergnügen, das die immer wiederkehrenden Frauengesichter bei Burne-Jones umwittert. Sogar Matthew Arnold, dessen Lied des Callicles von dem »Triumph der süßen, eindrucksvollen Leier« und dem »berühmten schließlichen Siege« in so hellen Tönen von lyrischer Schönheit erzählt – sogar er hat in der angstvollen Unterstimme seiner Verse, aus denen Zweifel und Pein klingen, ein gut Teil davon; weder Goethe noch Wordsworth konnten ihm helfen, obwohl er sich abwechselnd beiden anschloß. Und wenn er »Thyrsis« zu beklagen oder von dem »Zigeuner-Studenten« zu singen versucht, muß er zur Hirtenflöte greifen, um seine Stimmung wiederzugeben. Ob nun der phrygische Faun verstummt ist oder nicht: ich kann nicht schweigen. Mir ist Darstellen eine Notwendigkeit, wie Treiben und Blühn den schwarzen Ästen der Bäume, die über die Gefängnismauern ragen und so ruhlos im Winde schwanken. Zwischen meiner Kunst und der Welt klafft jetzt eine weite Kluft, aber nicht zwischen der Kunst und mir. Ich hoffe es wenigstens nicht.

Einem jeden von uns ist ein andres Los beschieden. Dir: Freiheit, Freuden, Vergnügungen, Wohlbehagen; mir sind öffentliche Schande, lange Kerkerhaft, Elend, Bankrott, Entehrung zugefallen, doch ich bin es nicht wert – noch nicht zum mindesten. Ich erinnre mich, davon gesprochen zu haben, ich dächte, eine wirkliche Tragödie ertragen zu können, wenn sie mir im Purpurmantel und in der Maske eines edlen Schmerzes nahe; das Schreckliche der Moderne sei dagegen, daß sie die Tragödie ins Gewand der Komödie stecke, wodurch die großen Wirklichkeiten alltäglich, grotesk oder stillos erschienen. Das mit der Moderne hat seine Richtigkeit. Auf das gegenwärtige Leben ist es vermutlich immer zugetroffen. Man hat behauptet, alle Martyrien kämen dem Zuschauer gemein vor. Das neunzehnte Jahrhundert macht keine Ausnahme von der Regel.

Alles an meiner Tragödie ist scheußlich, gemein, abstoßend, stillos gewesen; schon unsre Kleidung läßt uns grotesk erscheinen. Wir sind die Hanswürste des Leids. Wir sind Clowns mit gebrochnem Herzen. Wir haben die besondre Bestimmung, auf die Lachmuskeln zu wirken.

Am 13. November 1895 hat man mich von London hierher geschafft. Von zwei bis halb drei Uhr nachmittags mußte ich an diesem Tag in Sträflingskleidung und Handschellen auf dem mittleren Bahnsteig der Station Clapham Junction stehn, den Bücken der Welt ausgesetzt. Ich war aus der Krankenabteilung geholt worden, ohne auch nur eine Minute vorher darauf vorbereitet zu werden. Unter allen möglichen Verworfenen war ich der groteskeste. Als mich die Leute sahen, lachten sie. Mit jedem neuen Zug, der ankam, vermehrten sich die Zuschauer. Ihr Spaß kannte keine Grenzen. Das war natürlich so, ehe sie wußten, wer ich war. Sobald sie es erfahren hatten, lachten sie noch mehr. Eine halbe Stunde lang stand ich im grauen Novemberregen da, vom johlenden Pöbel umringt.

Noch ein Jahr, nachdem mir das widerfahren, habe ich jeden Tag zur selben Stunde gleich lange geweint. Das ist nicht so tragisch, wie es Dir wahrscheinlich klingt. Denen, die im Gefängnis sitzen, sind Tränen ein Teil ihrer täglichen Erfahrung. Ein Tag im Gefängnis, an dem man nicht weint, ist ein Tag, an dem unser Herz verhärtet, kein Tag, an dem unser Herz glücklich ist.

Nun denn, ich bedaure allmählich die Leute, die lachten, wirklich mehr als mich. Als sie mich sahen, stand ich natürlich nicht auf meinem Piedestal, ich stand am Pranger. Aber ein ganz phantasieloses Wesen kümmert sich nur um Leute auf dem Piedestal. Ein Piedestal kann etwas sehr Unwirkliches sein; der Pranger ist eine fürchterliche Wirklichkeit. Sie hätten auch den Schmerz besser auslegen sollen. Ich sagte schon: hinter dem Schmerze birgt sich stets Schmerz. Es wäre noch richtiger zu sagen: hinter dem Schmerze birgt sich stets eine Seele. Und eine Seele in ihrer Qual verspotten ist etwas Grausiges. Wer das tut, dessen Leben ist unschön. In dem merkwürdig einfachen Haushalt der Welt bekommt man nur, was man fortgibt; kann man denen, die nicht genug Phantasie haben, die bloße Außenseite der Dinge zu durchschaun und Mitleid zu empfinden, ein andres Mitleid zollen als das der Verachtung?

Ich schreibe diesen Bericht über meine Überführung in dieses Gefängnis nur nieder, damit es einleuchte, wie schwer es mir wurde, meiner Strafe irgendetwas andres als Verbitterung und Verzweiflung abzugewinnen. Immerhin muß ich es tun, und ab und zu habe ich Momente der Ergebung und Unterwürfigkeit. In der einzelnen Knospe mag sich, der ganze Frühling verstecken, und das Nest der Lerche in den Ackerfurchen kann alle Wonne umspannen, die dereinst dem Fuße mancher rosigen Morgenröte voraufeilt. So ist vielleicht auch alle Schönheit, die mir das Leben noch aufspart, in einem Augenblick der Hingabe, der Erniedrigung und Demütigung enthalten. Wie dem auch sei, ich kann lediglich in den Geleisen meiner eignen Entwicklung weiter schreiten und dadurch, daß ich alles hinnehme, was mir widerfahren ist, mich dessen würdig erzeigen.

Man pflegte mir nachzusagen, ich sei zu individuell. Ich muß ein noch viel größerer Individualist werden, als ich je war. Ich muß weit mehr aus mir herausholen, als ich je tat, und weniger von der Welt heischen. Im Grunde war mein Verderben nicht die Folge eines zu großen, sondern eines zu geringen Individualismus. Der einzige schändliche, unverzeihliche und für alle Zeiten verächtliche Schritt meines Lebens bestand darin, daß ich mir erlaubte, die Gesellschaft um Hilfe und Schutz anzugehn. Vom individualistischen Standpunkt aus wäre es schon schlimm genug gewesen, derart bei ihr Zuflucht zu suchen; aber welche Entschuldigung läßt sich je zu meinen Gunsten vorbringen? Sobald ich einmal die Kräfte der Gesellschaft in Gang gebracht hatte, wandte sie sich selbstverständlich gegen mich und sagte: ›Du hast die ganze Zeit meinen Gesetzen zum Trotz gelebt und rufst nun diese Gesetze zum Schutz an? Man wird dich diese Gesetze in vollem Maße spüren lassen. Du sollst die Folgen davon tragen‹. Das Ergebnis ist, daß ich im Kerker sitze. Und ich hab im Laufe meiner drei Prozesse die schmachvolle Ironie meiner Stellung bitter empfunden.

Sicher ist nie ein Mensch so schändlich und durch so schändliche Werkzeuge gefallen wie ich. An einer Stelle des »Dorian Gray« heißt es: »Man kann in der Wahl seiner Feinde nicht vorsichtig genug sein«. Ich ließ es mir nicht träumen, daß ich durch Parias selbst zum Paria werden sollte. Deshalb verachte ich mich so.

Das Philisterhafte im Leben besteht nicht in dem Unvermögen, die Kunst zu begreifen. Reizende Menschen, wie Fischer, Hirten, Pflüger, Bauern und dergleichen, wissen nichts von der

Kunst und sind doch das Salz der Erde. Der ist der wahre Philister, der den schwerfälligen, lästigen, blinden, mechanischen Kräften der Gesellschaft Vorschub leistet und sie unterstützt, ohne die dynamische Kraft, wenn er sie in einem Menschen oder in einer Bewegung trifft, zu erkennen.

Man hat es mir entsetzlich verdacht, daß ich die Schädlinge des Lebens zu Tische lud und an ihrer Gesellschaft Vergnügen fand. Jedoch von dem Standpunkt aus, von dem ich ihnen als Künstler im Leben nahetrete, waren sie herrlich anregende Reizmittel. Es war, wie wenn man mit Panthern schwelgte; die Gefahr war der halbe Rausch. Ich kam mir vor wie ein Schlangenbeschwörer, wenn er die Kobra durch seinen Lockruf dahin bringt, sich von dem bunten Tuch oder aus dem Rohrkorb zu erheben, und sie auf seinen Befehl ihr Schild breiten und in der Luft hin und her schwingen läßt, wie eine Pflanze geruhig im Strome schwingt. Sie waren für mich die leuchtendsten vergoldeten Schlangen, ihr Gift ein Teil ihrer Vollkommenheit. Ich wußte nicht, daß sie ihren Angriff auf mich nach der Pfeife eines andern und gegen Bezahlung unternehmen sollten. Ich schäme mich keineswegs, sie gekannt zu haben, sie waren höchst interessant; wessen ich mich aber schäme, das ist der greulich philiströse Dunstkreis, in den ich geschleppt wurde. Meine Beschäftigung als Künstler rief mich zu Ariel. Ich machte mich daran, mit Caliban zu ringen. Statt prachtvoll farbige, musikalische Werke zu schreiben, wie »Salome«, die »Florentinische Tragödie« und »La Sainte Courtisane«, zwang ich mir lange Advokatenbriefe ab und sah mich genötigt, mich unter den Schutz eben der Dinge zu begeben, gegen die ich mich von jeher verwahrt hatte. Clibborn und Atkins waren wundervoll in ihrem niederträchtigen Kriege gegen das Leben. Sie zu bewirten war ein erstaunliches Wagestück; der ältere Dumas, Cellini, Goya, Edgar Allan Poe, Baudelaire würden genau dasselbe getan haben. Abscheulich ist mir die Erinnrung an endlose Besuche, die ich dem Rechtsanwalt Humphreys machte: in dem gräßlich blendenden Licht eines kahlen Zimmers saß ich da mit ernsthaftem Gesicht und redete einem glatzköpfigen Herrn ernsthafte Lügen vor, bis ich wirklich vor Langweile ächzte und gähnte. Da befand ich mich so recht im Mittelpunkt von Philistäa, von allem entfernt, was schön, glänzend, wunderbar, kühn ist. Ich war als Vorkämpfer der Ehrbarkeit, der Sittenstrenge im Leben und der Moral in der Kunst aufgetreten. Voilà où mènent les mauvais chemins.

Und das Sonderbare für mich ist, daß Du versucht haben mußt, Deinen Vater in seinen Hauptwesenszügen nachzuahmen. Ich kann nicht begreifen, warum er Dir ein Vorbild war, wo er ein warnendes Beispiel hätte sein sollen; nur daß überall, wo Haß zwischen zwei Menschen besteht, ein Band oder eine Brüderschaft irgendwelcher Art ist. Vermöge eines seltsamen Gesetzes der Antipathie des Ähnlichen verabscheutet ihr einander wohl, nicht weil ihr in so vielen Punkten so verschieden, sondern weil ihr in etlichen so gleich wart. Im Juni 1893, als Du Oxford verließest, ohne akademischen Grad und mit Schulden, an sich gering, doch beträchtlich für einen Mann vom Einkommen Deines Vaters, schrieb er Dir einen sehr gemeinen, rohen, beleidigenden Brief. Der Brief, den Du als Antwort darauf sandtest, war in jeder Beziehung schlimmer und natürlich weit weniger entschuldbar, und deshalb warst Du äußerst stolz auf ihn. Ich erinnre mich noch ganz gut, Du sagtest zu mir mit Deinem dünkelhaftesten Gebaren, Du könnest Deinen Vater »in seinem eignen Gewerbe« schlagen. Ganz richtig. Doch was für ein Gewerbe! Was für ein Wettbewerb! Du pflegtest Deinen Vater zu verlachen und zu höhnen, weil er sich aus dem Haus Deines Vetters, wo er wohnte, entfernte, um Schmutzbriefe aus einem benachbarten Hotel an ihn zu schreiben. Du pflegtest es mit mir ebenso zu halten. Du aßest mittags ständig mit mir in einem öffentlichen Restaurant, schmolltest oder führtest während des Essens einen Auftritt herbei, zogst Dich dann in White's Club zurück und schriebst mir einen hundsgemeinen Brief. Der einzige Unterschied zwischen Dir und Deinem Vater war der, daß Du, nachdem Du Deinen Brief an mich durch Eilboten abgesandt hattest, einige Stunden später zu mir in die Wohnung kamst, nicht um Dich zu entschuldigen, sondern um zu erfahren, ob ich schon das Abendessen im Savoy bestellt hätte, und wenn nicht, warum nicht. Manchmal kamst Du tatsächlich, ehe der beleidigende Brief gelesen war. Ich erinnre mich einer Gelegenheit, da hattest Du mich gebeten, zum Lunch ins Café Royal zwei Deiner Freunde einzuladen, von denen ich einen nie im Leben gesehn hatte. Ich tat es und bestellte auf Deinen besondern Wunsch ein besonders üppiges Mahl. Der Küchenchef – ich seh' ihn noch – wurde geholt und ins Einzelne gehende Weisungen für die Weine gegeben. Statt zum Essen zu kommen, schicktest Du mir ins Café einen Schmähbrief, der so der Zeit nach abgemessen war, daß er mich erreichte, nachdem wir eine halbe Stunde auf Dich gewartet hatten. Ich las die erste Zeile und wußte Bescheid, steckte den Brief in die Tasche und verständigte Deine Freunde, Du seist plötzlich erkrankt; der übrige Brief handle von den Krankheitserscheinungen. Tatsächlich las ich den Brief erst, als ich mich in Tite-Street abends zum Essen umzog. Ich hielt mitten in seinem Schlamm, voll unendlicher Trauer, wie Du Briefe schreiben konntest, die wirklich dem Schaum und Gischt auf den Lippen eines Epileptikers glichen, da wurde mir gemeldet, Du seist in der Diele und möchtest mich unbedingt fünf Minuten sprechen. Ich ließ Dich sogleich heraufholen. Du sahst, ich gebe es zu, verstört und bleich aus, wolltest mich um Rat und Beistand bitten, da Dir zu Ohren gekommen war, daß jemand aus dem Büro des Anwalts Lumley sich nach Dir in Cadogan-Place erkundigt hatte, und warst in Angst, Deine Oxforder Ungelegenheit oder eine neue Gefahr steige drohend herauf. Ich tröstete Dich, sagte Dir, wie es sich nachher herausstellte, wahrscheinlich sei es nur die Rechnung eines Geschäftsmanns, ließ Dich zum Essen bleiben und den Abend bei mir verbringen. Du erwähntest mit keiner Silbe Deinen gräßlichen Brief; ich auch nicht. Ich behandelte ihn einfach als unglückliches Symptom eines unglücklichen Temperaments. Der Gegenstand wurde nicht berührt. Mir um ½3 einen widerwärtigen Brief zu schreiben und um ¼8 desselben Nachmittags zu mir zu stürzen auf der Suche nach Hilfe und Mitgefühl, war ein durchaus gewöhnlicher Vorfall in Deinem Leben. Du gingst noch über Deinen Vater in solchen Gepflogenheiten hinaus, wie auch in andern. Als seine empörenden Briefe an Dich vor Gericht verlesen wurden, schämte er sich natürlich und tat so, als ob er weine. Wären Deine Briefe an ihn von seinem Anwalt vorgelesen worden, jedermann hätte noch mehr Entsetzen und Widerwillen empfunden. Und nicht nur stilistisch schlugst Du ihn »in seinem eignen Gewerbe«, sondern in der Angriffsart ließest Du ihn weit hinter Dir. Du bedientest Dich des öffentlichen Telegramms und der offnen Postkarte. Ich meine, Du hättest solche Formen der Drangsalierung Leuten wie Alfred Wood überlassen sollen, deren einzige Einnahmequelle sie ist. Nicht? Was ihm und seinem Stand Beruf war, war Dir eine Freude – eine sehr üble. Du hast auch Deine schauderhafte Angewohnheit, beleidigende Briefe zu schreiben, niemals aufgegeben nach allem, was mir durch sie und ihretwegen widerfahren ist. Du siehst noch immer darin bei Dir ein Talent und wendest es meinen Freunden oder denen gegenüber an, die gut zu mir im Gefängnis gewesen sind, wie Robert Sherard und andre. Das ist schändlich von Dir. Als Robert Sherard von mir erfuhr, ich wünsche nicht, daß Du einen Aufsatz über mich im »Mercure de France« veröffentlichest, mit Briefen oder ohne, hättest Du ihm dankbar sein sollen, daß er meine Wünsche in dieser Sache ermittelt und Dich davor bewahrt hatte, mir, ohne es zu wollen, noch mehr Schmerz zuzufügen, als Du es bereits getan. Du mußt doch bedenken: ein gönnerhafter, philiströser Brief über »faire Behandlung« für einen »Mann, der am Boden liegt«, ist ganz schön und gut für eine englische Zeitung. Er setzt die Traditionen der englischen Presse hinsichtlich ihrer Haltung gegenüber Künstlern fort. Aber in Frankreich hätte ein solcher Ton mich der Lächerlichkeit, Dich der Verachtung preisgegeben. Ich hätte einen Aufsatz erst gestatten können, wenn ich seinen Zweck, sein Wesen, die Art, wie er angefaßt wird, und dergleichen gekannt hätte. In der Kunst sind gute Absichten nicht vom geringsten Wert. Alle schlechte Kunst ist die Folge guter Absichten.

Auch ist Robert Sherard nicht der einzige Freund von mir, an den Du beißende und bittre Briefe gerichtet hast, weil man dachte, meine Wünsche und Gefühle sollten in Angelegenheiten berücksichtigt werden, die mich betreffen, wie die Veröffentlichung von Aufsätzen über mich, die Widmung Deiner Gedichte, die Rückgabe meiner Briefe und Geschenke und dergleichen. Du hast auch andre belästigt oder zu belästigen gesucht. Kommt es Dir je in den Sinn, in einer wie furchtbaren Lage ich mich die letzten beiden Jahre, während meiner entsetzlichen Strafzeit, befunden hätte, wenn ich auf Dich als Freund angewiesen wäre? Denkst Du je daran? Fühlst Du je Dankbarkeit denen gegenüber, die durch maßlose Güte, grenzenlose Ergebenheit, heitere Freude am Schenken mir meine schwarze Last erleichtert, mich immer wieder besucht, mir schöne, teilnehmende Briefe geschrieben, meine Angelegenheiten für mich besorgt, für mein künftiges Leben Vorkehrungen getroffen und zu mir gehalten haben, der Verleumdung, Stichelei, dem offnen Hohn, ja selbst Beleidigungen zum Trotz? Ich verdanke ihnen alles. Sogar die Bücher in meiner Zelle hat Robbie von seinem Taschengelde bezahlt; aus derselben Quelle sollen mir, wenn ich entlassen werde, Kleider zukommen. Ich schäme mich nicht, zu nehmen, was in herzlicher Liebe geschenkt wird; ich bin stolz darauf. Ja wahrhaftig, ich denke an meine Freunde, an More Adey, Robbie, Robert Sherard, Frank Harris, Arthur Clifton, und daran, was sie mir durch ihre Hilfe, Liebe und Teilnahme gewesen sind. Das ist Dir wohl nie aufgegangen. Und doch – wenn Du einen Funken Einbildungskraft in Dir hättest – wüßtest Du, daß es nicht einen Menschen gibt, der nicht gut zu mir war in meinem Gefängnisleben, bis herab zu dem Wärter, der mir ›Guten Morgen‹ und ›Gute Nacht‹ wünscht (keine seiner vorgeschriebenen Pflichten), bis herab zu den gemeinen Schutzmännern, die in ihrer vertraulichen, rauhen Art mich zu trösten suchten, als ich zum Konkursgerichtshof und zurück im Zustand schrecklicher Seelennot fuhr – bis herab zu dem armen Dieb, der mich erkannte, als wir im Gefängnishof zu Wandsworth die Runde machten, und mir mit der heiseren Kerkerstimme, die man von langem, unfreiwilligem Schweigen bekommt, die Worte zuflüsterte: »Sie tun mir leid; es trifft einen Ihresgleichen härter als unsereinen« – nicht einen von allen, sag' ich, vor dem niederzuknien und ihm den Staub von den Schuhen zu wischen Du nicht zu stolz sein solltest.

Hast Du genug Einbildungskraft zu sehn, was für eine furchtbare Tragödie es für mich war, Deiner Familie in den Weg gelaufen zu sein? Was für eine Tragödie es für jeden gewesen wäre, der eine große Stellung, einen großen Namen, irgendetwas von Bedeutung zu verlieren hatte? Unter den älteren Deiner Familienangehörigen ist kaum einer – mit Ausnahme von Percy, der wirklich ein guter Kerl ist –, der nicht in gewisser Beziehung zu meinem Untergang beigetragen hat.

Ich habe von Deiner Mutter nicht ohne Bitterkeit zu Dir gesprochen, und ich rate Dir dringend, sie diesen Brief sehn zu lassen, hauptsächlich in Deinem eignen Interesse. Wenn es schmerzlich für sie ist, eine solche Anklage gegen einen ihrer Söhne zu lesen, so mag sie bedenken, daß meine Mutter, die geistig mit Elizabeth Barrett-Browning und historisch mit Madame Roland auf einer Stufe steht, an gebrochnem Herzen starb, weil der Sohn, auf dessen Begabung und Kunst sie stolz gewesen war und in dem sie von jeher den würdigen Fortsetzer eines erlauchten Namens gesehn hatte, zu zweijähriger Tretmühle verurteilt worden war.

Du wirst mich fragen, in welcher Weise Deine Mutter zu meinem Verderben beitrug. Ich will es Dir sagen. Genau so, wie Du bestrebt warst, alle Deine unmoralischen Verantwortlichkeiten auf mich abzuwälzen, war es Deine Mutter, alle ihre moralischen Verantwortlichkeiten in bezug auf Dich mir zuzuschieben. Statt gradezu mit Dir über Dein Leben zu sprechen, wie es Pflicht einer Mutter ist, schrieb sie immer privat an mich mit ernsten, furchtsamen Bitten, Dich nicht wissen zu lassen, daß sie an mich schreibe. Du siehst, in welche Stellung ich zwischen Dich und Deine Mutter gerückt wurde. Sie war so falsch, albern und tragisch wie die, in welche ich zwischen Dir und Deinem Vater geriet. Im August 1892 und am 8. November desselben Jahres hatte ich zwei lange Unterredungen mit Deiner Mutter über Dich. Beide Male fragte ich sie, warum sie nicht direkt mit Dir spreche. Beide Male gab sie mir dieselbe Antwort: »Ich habe Angst; er wird so ärgerlich, wenn man mit ihm spricht.« Das erstemal kannte ich Dich so wenig, daß ich nicht verstand, was sie meinte. Das zweitemal kannte ich Dich so gut, daß ich es durchaus verstand. (In der Zwischenzeit hattest Du einen Anfall von Gelbsucht gehabt, solltest auf Verordnung des Arztes hin eine Woche nach Bournemouth gehn und hattest mich veranlaßt mitzukommen, weil Du das Alleinsein haßtest.) Aber die erste Pflicht einer Mutter ist: keine Angst zu haben, mit ihrem Sohn ernstlich zu sprechen. Hätte Deine Mutter ernstlich mit Dir gesprochen über die Unannehmlichkeit, in der sie Dich im Jahre 1892 sah, und Dich bewogen, Dich ihr anzuvertraun, es wäre schließlich für euch beide viel besser und viel segensreicher gewesen. Alle diese versteckten, heimlichen Mitteilungen an mich waren verkehrt. Was hatte es für einen Zweck, daß Deine Mutter mir zahllose, auf dem Umschlag als »privat« bezeichnete Briefchen schickte mit der Bitte, Dich nicht so oft zum Essen einzuladen und Dir kein Geld zu geben, wobei jeder Brief mit einer ernsten Nachschrift endete: »Lassen Sie Alfred um keinen Preis wissen, daß ich an Sie geschrieben habe«? Was konnte aus einer solchen Korrespondenz Gutes entstehn? Hast Du je darauf gewartet, zum Essen eingeladen zu werden? Nie. Du nahmst alle Mahlzeiten als etwas Selbstverständliches mit mir ein. Wenn ich dagegen Einspruch erhob, hattest Du immer eine Bemerkung: »Wenn ich nicht mit Dir esse, wo soll ich denn essen? Du glaubst doch nicht, daß ich zu Hause essen werde.« Das war unwiderlegbar. Und wenn ich Dich unter keinen Umständen mit mir essen lassen wollte, drohtest Du stets damit, eine Dummheit zu machen, und tatest es auch. Was für eine mögliche Folge konnten Briefe haben, wie Deine Mutter sie mir schickte, außer der, die eingetreten ist: ein törichtes, verhängnisvolles Abwälzen der moralischen Verantwortlichkeit auf meine Schultern! Von den mannigfachen Einzelheiten, in denen sich die Schwäche Deiner Mutter und ihr Mangel an Mut als so verderblich für sie, Dich und mich erwiesen, will ich nicht mehr sprechen; aber wahrhaftig, als sie hörte, daß Dein Vater in mein Haus drang, um eine widerliche Szene zu machen und einen öffentlichen Skandal herbeizuführen, da hätte sie sehn können, daß eine schwere Krise bevorstand, und Schritte tun sollen, sie zu vermeiden zu suchen. Doch ihr fiel nichts besseres ein, als den gescheiten George Wyndham mit seiner geschmeidigen Zunge zu mir zu schicken; sein Vorschlag war – was? Ich solle Dich allmählich »links liegen lassen«. Als ob für mich eine Möglichkeit gewesen wäre, Dich »allmählich« links liegen zu lassen! Ich hatte auf jede mögliche Art versucht, unsre Freundschaft zu beenden, war so weit gegangen, England tatsächlich zu verlassen und eine falsche Adresse im Ausland anzugeben in der Hoffnung, mit einem Schlage ein Band zu zerreißen, das mir lästig, verhaßt und verderblich geworden war. Glaubst Du, ich hätte Dich »allmählich« links liegen zu lassen vermocht? Glaubst Du, damit wäre Deinem Vater Genüge geschehn? Du wußtest, daß es nicht der Fall war. Was Dein Vater wollte, war nicht der Abbruch unsrer Freundschaft, sondern ein öffentlicher Skandal. Danach strebte er. Sein Name hatte jahrelang nicht, in den Zeitungen gestanden. Er sah die Gelegenheit, vor dem britischen Publikum in einer ganz neuen Rolle zu erscheinen: in der des liebenden Vaters. Sein Humor war angereizt. Hätte ich meine Freundschaft mit Dir gelöst, es wäre eine schreckliche Enttäuschung für ihn gewesen, und das bißchen Stadtgespräch einer zweiten Ehescheidung, wenn sie in ihren Einzelheiten und ihrem Anlaß auch noch so empörend war, hätte ihm nur schwachen Trost gespendet. Denn sein Ziel war: Popularität und sich aufzublähen als, wie man es nennt, Vorkämpfer der Sittenstrenge – im gegenwärtigen Zustand des britischen Publikums das sicherste Verfahren, für den Augenblick eine heroische Gestalt zu werden. Von diesem Publikum hab ich in einem meiner Stücke gesagt, es sei in der einen Hälfte des Jahres Caliban, in der andern Tartüff; und Dein Vater, in dem beide Charaktere, wie man wohl sagen darf, ihre Verkörperung fanden, war somit abgestempelt als der eigentliche Vertreter des Puritanertums in seiner aggressiven und bezeichnendsten Form. Dich allmählich links liegen zu lassen hätte nichts genützt, selbst wenn es ausführbar gewesen wäre. Fühlst Du jetzt nicht, daß das Einzige, was Deine Mutter hätte tun sollen, war: Dich zu bitten, zu ihr zu kommen, mich und Deinen Bruder dabei zu haben und auf das bestimmteste zu erklären, die Freundschaft müsse unbedingt aufhören. Sie hätte in mir ihren wärmsten Fürsprecher gefunden und brauchte, da Drumlanrig und ich zugegen waren, keine Angst zu haben, mit Dir zu sprechen. Sie hat es nicht getan. Sie hatte Angst vor der Verantwortung und suchte sie auf mich abzuwälzen. Einen Brief hat sie allerdings an mich geschrieben. Er war nur kurz und sprach die Bitte aus, das Schreiben des Anwalts an Deinen Vater mit der Aufforderung, weiteres zu unterlassen, nicht abzuschicken. Sie hatte ganz recht. Es war lächerlich von mir, Anwälte zu Rate zu ziehn und Schutz bei ihnen zu suchen. Doch sie machte jede Wirkung, die ihr Brief hätte haben können, durch ihr gewöhnliches Postskriptum zunichte: »Lassen Sie Alfred um keinen Preis wissen, daß ich an Sie geschrieben habe.« Du warst berauscht von dem Gedanken, daß ich an Deinen Vater sowohl wie Dich Advokatenbriefe schickte. Es geschah auf Deine Anstiftung hin. Ich konnte Dir nicht sagen, daß Deine Mutter stark dagegen war, denn sie hatte mich durch feierlichste Versprechungen gebunden, Dir nie ein Wort über ihre Briefe an mich zu sagen, und ich habe törichterweise mein Versprechen ihr gegenüber gehalten.

Siehst Du nicht, daß es falsch von ihr war, nicht mit Dir direkt zu sprechen? Daß all die Hintertreppenunterredungen mit mir und der Kolportage-Briefwechsel falsch waren? Niemand kann seine Verantwortung einem andern zuschieben. Sie kehrt letzten Endes immer zu dem eigentlichen Besitzer zurück. Deine eine Vorstellung vom Leben, Deine eine Philosophie, sofern man auf Dein Konto eine Philosophie setzen darf, war: was Du auch tatest, ein andrer mußte dafür bezahlen, ich meine nicht nur im finanziellen Sinne – das war einfach die praktische Anwendung Deiner Philosophie auf das Alltagsleben –, sondern im weitesten, vollsten Sinne übertragener Verantwortlichkeit. Die machtest Du zu Deinem Glaubensbekenntnis. Sie hatte großen Erfolg, soweit sie kam. Du zwangst mich in einen Prozeß hinein, weil Du wußtest, daß Dein Vater Dein Leben oder Dich in keiner Weise angreifen und daß ich beide bis zum äußersten verteidigen und alles auf meine Schultern nehmen würde, was man mir aufdrängte. Du hattest ganz recht. Dein Vater und ich, jeder selbstverständlich aus andern Beweggründen, taten genau das, womit Du rechnetest. Doch irgendwie bist Du, trotz allem, nicht heil davongekommen. Die »Theorie vom Kinde Samuel«, wie man sie der Kürze halber nennen kann, ist ja sehr schön in den Augen von Hinz und Kunz. Sie mag in London weidlich verspottet und in Oxford ein bißchen belächelt werden, aber doch nur deswegen, weil es ein paar Menschen gibt, die Dich an jedem Orte kennen, und weil Du an jedem Orte Wegspuren zurückgelassen hast. Außerhalb einer kleinen Gruppe in diesen beiden Städten sieht die Welt in Dir den guten Mann, der von dem bösen, unmoralischen Künstler um ein Haar zu Missetaten verführt worden wäre, doch grade noch im rechten Augenblick von seinem gütigen, hebenden Vater gerettet wurde. Das klingt herrlich. Und doch, Du weißt, Du bist nicht heil davongekommen. Ich meine damit nicht eine dumme, von einem dummen Geschworenen gestellte Frage, die von der Staatsanwaltschaft und dem Vorsitzenden natürlich mit Verachtung behandelt wurde. Darauf legte keiner Wert. Ich meine: vielleicht im Prinzip vor Dir selbst, in Deinen Augen. Eines Tages wirst Du über Dein Verhalten nachdenken müssen; Du bist nicht, kannst nicht ganz zufrieden sein mit der Wendung, die die Dinge genommen haben. Im stillen mußt Du mit reichlicher Scham an Dich denken. Eine eherne Stirn der Welt zu zeigen ist etwas Großartiges; aber dann und wann, wenn Du allein bist und keine Zuschauer hast, mußt Du wohl die Maske abnehmen, um atmen zu können. Sonst fürwahr würdest Du ersticken.

Und ebenso muß Deine Mutter zuzeiten bedauern, daß sie ihre schweren Verantwortlichkeiten auf jemand anders zu schieben suchte, der schon eine genügend große Last zu tragen hatte. Sie vertrat die Stelle beider Eltern an Dir. Hat sie wirklich die Pflichten auch nur eines Teiles erfüllt? Wenn ich mit Deiner Launenhaftigkeit, Deiner Heftigkeit und Deinen Auftritten Nachsicht hatte, hätte sie auch damit fertig werden können. Als ich meine Frau zuletzt sah – es sind jetzt vierzehn Monate her –, sagte ich ihr, sie werde unserm Cyril Vater sowohl wie Mutter sein müssen. Ich erzählte ihr alles von der Art, wie Deine Mutter Dich behandelte, mit jeder in diesem Brief dargestellten Einzelheit, nur viel ausführlicher natürlich. Ich gab ihr die Gründe an für die zahllosen Briefe mit »privat« auf dem Umschlag, die in Tite-Street von Deiner Mutter eintrafen, so regelmäßig, daß meine Frau lachend sagte, wir müßten wohl einen Gesellschaftsroman oder etwas Ähnliches gemeinsam verfassen. Ich beschwor sie, an Cyril nicht so zu handeln wie Deine Mutter an Dir. Ich sagte ihr, sie solle ihn so erziehn, daß, wenn er unschuldiges Blut vergösse, er zu ihr käme und es ihr anvertraute, damit sie ihm erst die Hände reinwasche und nachher beibringe, wie er durch Reue oder Sühne seine Seele später reinwaschen könne. Ich sagte ihr, wenn sie fürchte, die Verantwortung für das Leben eines andern, sei es selbst ihr eignes Kind, auf sich zu nehmen, möge sie einen Vormund zu ihrer Unterstützung bestellen lassen. Das hat sie, wie ich mich zu sagen freue, getan. Ihre Wahl ist auf Adrian Hope gefallen, einen Mann von hoher Abkunft und Bildung und edlem Charakter, ihren Vetter, den Du einmal in Tite-Street getroffen hast, und bei ihm haben Cyril und Vyvyan gute Aussicht auf eine schöne Zukunft. Deine Mutter hätte, wenn sie Angst hatte, ernst mit Dir zu reden, jemand von ihren eignen Verwandten auswählen sollen, auf den Du vielleicht gehört hättest. Aber sie hätte nicht Angst haben sollen. Sie hätte Dir tüchtig Bescheid sagen und die Stirn bieten sollen. Sieh Dir doch das Ergebnis an. Ist sie befriedigt und froh?

Ich weiß, sie mißt mir die Schuld bei. Ich höre es, nicht von Leuten, die Dich kennen, sondern von Leuten, die Dich nicht kennen und nicht kennen wollen. Ich höre oft davon. Sie spricht zum Beispiel von dem Einfluß des älteren auf den jüngeren Mann. Sie bekennt sich mit Vorliebe zu diesem Standpunkt, da er bei der landläufigen Voreingenommenheit und Unwissenheit immer seine Wirkung tut. Ich brauche Dich nicht zu fragen, welchen Einfluß ich auf Dich hatte. Du weißt, ich hatte keinen. Du rühmtest Dich häufig dessen, daß ich keinen hatte – das einzige, worauf stolz zu sein Du alle Ursache hattest. Was war tatsächlich an Dir, das sich beeinflussen ließ? Dein Verstand? Er war unentwickelt. Deine Phantasie? Sie war tot. Dein Herz? Es war noch nicht geboren. Von allen Menschen, die je meinen Weg gekreuzt haben, warst Du der eine und einzige, den ich in keiner Weise nach keiner Richtung hin zu beeinflussen vermochte.

Als ich hilflos und fieberkrank, von Dir angesteckt, zu Bett lag, hatte ich auf Dich nicht so viel Einfluß, daß ich Dich bewegen konnte, mir auch nur einen Becher Milch zum Trinken zu holen oder nachzusehn, daß es mir nicht an den üblichen Bedarfsgegenständen des Krankenzimmers fehle, oder Dir die Mühe zu nehmen, zweihundert Meter weit in eine Buchhandlung zu fahren und mir auf meine Kosten ein Buch zu beschaffen. Als ich mitten in der Arbeit des Schreibens war und Komödien verfaßte, die Congreve an Geist, den jüngeren Dumas an Weltweisheit und jeden andern wohl in jedem andern Vorzug übertreffen sollten, hatte ich bei Dir nicht so viel Einfluß, Dich dahin zu bringen, daß Du mich ungestört ließest, wie es der Künstler sein soll. Überall wo mein Schreibzimmer war, war es für Dich die übliche Diele, ein Raum, in dem sich rauchen, Weißwein mit Selterwasser trinken und über albernes Zeug plaudern ließ. Der »Einfluß des älteren auf den jüngeren Mann« ist eine famose Theorie, bis sie mir zu Ohren kommt. Dann wird sie grotesk. Wenn sie Dir zu Ohren kommt, lächelst Du wohl – vor Dir selbst bist Du gewiß dazu befugt.

Ich höre auch viel davon, was Deine Mutter über den Geldpunkt sagt. Sie bemerkt, was durchaus richtig ist, sie habe mich unaufhörlich ersucht, Dich nicht mit Geld zu versehn. Ich gebe es zu. Ihre Briefe waren zahllos, und die Nachschrift: »Bitte, lassen Sie Alfred nicht wissen, daß ich an Sie geschrieben habe« kommt in allen vor. Aber es machte mir keinen Spaß, für Dich jede Einzelheit bezahlen zu müssen, vom Rasieren in der Frühe bis zur Droschke um Mitternacht. Es war eine Mordsplage. Ich habe Dir deswegen immer und immer wieder Vorhaltungen gemacht. Ich habe Dir wiederholt gesagt – Du erinnerst Dich doch, nicht wahr? –, wie sehr es mir zuwider sei, daß Du in mir eine »nützliche« Person sähest, wie weder der Künstler noch die Kunst selbst ihrem innersten Wesen nach ganz nutzlos seien. Du wurdest sehr böse, so oft ich es zu Dir sagte. Die Wahrheit hat Dich immer böse gemacht. Die Wahrheit ist freilich ein Ding, das anzuhören und zu äußern höchst schmerzlich ist. Aber sie hat Dich Deine Anschauungen oder Deinen Lebenszuschnitt nicht ändern lassen. Jeden Tag mußte ich für jede Einzelheit zahlen, die Du den ganzen Tag über tatest. Nur ein Mensch von sinnloser Gutmütigkeit oder unbeschreiblicher Torheit hätte es getan. Leider war ich die vollkommene Vereinigung von beidem. Wenn ich zu verstehn gab, Deine Mutter solle Dich mit dem nötigen Geld versorgen, hattest Du stets eine sehr hübsche, würdevolle Antwort. Du sagtest, die ihr von Deinem Vater ausgesetzte Rente – einige 1500 Pfund im Jahr, glaube ich – sei für die Bedürfnisse einer Dame ihres Standes ganz unzureichend und Du wollest sie nicht um mehr Geld angehn, als Du schon bekämest. Du hattest darin ganz recht, daß ihre Rente für eine Dame ihres Standes und Geschmacks durchaus unschicklich war; doch Du hättest das nicht zum Vorwand nehmen sollen, im Überfluß von mir zu leben: es hätte im Gegenteil für Dich ein Fingerzeig zur Sparsamkeit in Deiner eignen Lebensführung sein sollen. Tatsache ist: Du warst und bist vermutlich noch immer ein typischer Gefühlsschwärmer. Denn der ist ein Gefühlsschwärmer, der sich den Luxus einer Gemütsregung leisten möchte, ohne dafür zu bezahlen. Deiner Mutter Tasche schonen zu wollen war schön; es auf meine Kosten zu tun war häßlich.

Gefühlskräfte sind, wie ich an einer Stelle der »Intentions« sage, in ihrer Ausdehnung und Dauer ebenso begrenzt wie die Kräfte körperlicher Energie. Der kleine Becher, der ein gewisses Quantum fassen soll, kann so viel aufnehmen und nicht mehr, wenn auch alle Purpurfässer Burgunds bis zum Rande mit Wein gefüllt sind und die Kelterer bis an die Knie in der Traubenlese der gerölligen Weinberge Spaniens stehn. Kein Irrtum ist weiter verbreitet als der, daß Menschen, welche große Tragödien verursachen oder veranlassen, die der tragischen Stimmung entsprechenden Gefühle teilen; kein Irrtum verhängnisvoller, als das von ihnen zu erwarten. Der Märtyrer in seinem »Flammenhemd« erschaut vielleicht das Antlitz Gottes, aber dem, der die Reisigbündel aufschichtet oder das Holz lockert, damit der Wind hindurchblasen kann, bedeutet die ganze Szene nicht mehr als dem Metzger, wenn er einen Ochsen schlachtet, dem Köhler im Walde, wenn er einen Baum fällt, oder einem, der das Gras mit der Sense mäht, wenn eine Blume umsinkt. Große Leidenschaften sind für große Seelen, und große Ereignisse können nur von denen erkannt werden, die auf gleicher Höhe mit ihnen stehn.

Ich denke, wenn Du auf Dein Verhalten gegen das Einkommen Deiner Mutter und auf Dein Verhalten gegen mein Einkommen zurückschaust, wirst Du nicht stolz auf Dich sein, und vielleicht dürftest Du eines Tages, wenn Du diesen Brief Deiner Mutter nicht zeigst, ihr auseinandersetzen, daß in Deiner Art, von mir zu leben, meine Wünsche keinen Augenblick berücksichtigt wurden. Es war einfach eine besondre und für mich persönlich höchst betrübende Form, die Deine Verehrung für mich annahm. Dich für die kleinsten wie die größten Summen von mir abhängig zu machen, lieh Dir in Deinen eignen Augen allen Zauber der Kindheit, und indem Du mich beharrlich für jede Deiner Freuden zahlen ließest, dachtest Du, das Geheimnis ewiger Jugend gefunden zu haben. Ich bekenne, es schmerzt mich, wenn ich von den Bemerkungen Deiner Mutter über mich höre, und ich bin sicher, Du wirst mir bei etlichem Nachdenken zugeben: wenn sie kein Wort des Bedauerns oder Mitleids für das Verderben hat, das Deine Sippe über mich heraufbeschworen, dann wäre es besser, sie schwiege. Selbstverständlich braucht sie nicht den Abschnitt dieses Briefes zu sehn, der von einer geistigen Entwicklung handelt, die ich durchgemacht habe, oder von einem Punkt der Wegfahrt, den ich hoffentlich erreiche. Es würde sie nicht interessieren. Aber die lediglich mit Deinem Leben beschäftigten Teile würde ich ihr zeigen, wenn ich Du wäre.

Wenn ich Du wäre, dann hätte ich keine Lust, unter falschen Vorspiegelungen geliebt zu werden. Es gibt keinen Grund, warum ein Mensch sein Leben der Welt zeigen soll. Die Welt versteht Dinge nicht. Aber mit Menschen, deren Liebe man will, ist es anders.

Ein guter Freund von mir, der sich in zehn Jahren bewährt hat, besuchte mich unlängst und sagte mir, er glaube von all dem, was gegen mich vorgebracht werde, kein einziges Wort; er gab mir zu verstehn, daß er von meiner Unschuld überzeugt sei und mich für das Opfer eines abscheulichen Komplotts halte. Ich brach in Tränen aus, als er so zu mir sprach, und sagte ihm, viele Punkte der Anklage, die mir schließlich zur Last gelegt wurden, seien völlig unwahr und mit empörender Tücke auf mich übertragen worden, mein Leben jedoch sei voll perverser Freuden und absonderlicher Leidenschaften gewesen, und wenn er sich nicht mit dieser Tatsache abfinde und sie sich deutlich vergegenwärtige, dann könne ich unmöglich länger sein Freund sein oder je wieder in seiner Gesellschaft weilen. Es war ein fürchterlicher Schlag für ihn; aber wir sind noch befreundet, und ich habe seine Freundschaft nicht unter falschen Vorspiegelungen erschlichen. Ich habe Dir gesagt: die Wahrheit sprechen ist etwas Peinliches; Lügen sagen müssen ist viel schlimmer.

Es war während meines letzten Prozesses, ich saß auf der Sünderbank und lauschte Lockwoods niederschmetternder Anklage; sie hörte sich an wie eine Stelle aus Tacitus, ein Vers aus Dante, eine von Savonarolas Brandreden wider die römischen Päpste. Mich packte der Ekel bei dem, was mein Ohr vernahm. Da plötzlich fuhr's mir durch den Kopf: ›Wie großartig war' es, wenn ich all das selbst über mich aussagte!‹ Sofort leuchtete mir ein: das, was von einem Menschen gesagt wird, ist nichts; es kommt darauf an, wer es sagt. Der höchste Augenblick eines Menschen – daran hege ich nicht den mindesten Zweifel – ist der, wenn er im Staube niederkniet, sich an die Brust schlägt und alle Sünden seines Lebens bekennt.

So auch mit Dir. Du würdest viel glücklicher sein, wenn Du Deine Mutter wenigstens ein bißchen von Deinem Leben durch Dich selbst erfahren ließest. Ich habe ihr ein gut Teil davon im Dezember 1895 erzählt, war aber natürlich zu Verschweigungen und Allgemeinheiten gezwungen. Es hat ihr anscheinend in ihrem Verhältnis zu Dir nicht mehr Mut eingeflößt. Im

Gegenteil: sie vermied es geflissentlicher denn je, die Wahrheit anzuschaun. Wenn Du selbst mit ihr sprächest, wäre es anders. Meine Worte sind vielleicht oft zu bitter für Dich, aber die Tatsachen kannst Du nicht leugnen. Die Dinge sind gewesen, wie ich es gesagt habe, und wenn Du diesen Brief sorgfältig gelesen hast, wie Du es hättest tun sollen, hast Du Dir Aug' in Auge gegenübergestanden.

Ich habe Dir jetzt geschrieben, und zwar sehr ausführlich, damit Dir zum Bewußtsein komme, was Du mir vor meiner Gefängniszeit, während jener drei Jahre einer verhängnisvollen Freundschaft, warst; was Du mir während meiner Gefängniszeit gewesen bist, die nun in zwei Monden bereits vor ihrer Vollendung steht; und was ich mir selbst und andern zu sein hoffe, wenn meine Gefängniszeit vorüber ist.

Ich kann meinen Brief nicht umbaun oder um-schreiben. Du mußt ihn nehmen, wie er steht, an vielen Stellen von Tränen verwischt, an einigen mit den Spuren des Leids oder der Leidenschaft, und ihn entziffern, so gut Du kannst, Tintenkleckse, Verbesserungen und alles. Was die Verbesserungen und Schreibfehler betrifft, so hab ich sie gemacht, damit meine Worte der deckende Ausdruck für meine Gedanken seien und keine Fehler durch Überflüssiges oder Unzulängliches entstünden. Die Sprache will, wie eine Geige, gestimmt sein; und genau wie zu viele oder zu wenige Schwingungen in der Stimme des Sängers oder im Beben der Saite den Ton unrein machen, so verdirbt ein Zuviel oder Zuwenig an Worten den Bericht. Wie er steht zum mindesten, hat mein Brief seine ausdrückliche Bedeutung hinter jedem Satz. Es ist keine Rhetorik darin. Überall, wo ausgestrichene oder zugefügte Stellen sind, wenn auch noch so unbeträchtliche, noch so gefeilte, geschieht es, weil ich meinen wirklichen Eindruck wiederzugeben, für meine Stimmung den genauen Gegenwert zu finden suche. Was im Gefühl zuerst da ist, kommt in der Form zuletzt.

Ich will einräumen, daß es ein strenger Brief ist. Ich habe Dich nicht geschont. Ja Du darfst sagen, wenn ich zugebe, daß es wirklich unbillig wäre, Dich gegen das kleinste meiner Leiden, den geringsten meiner Verluste abzuwiegen, ich hätte tatsächlich so gehandelt und Gran um Gran die sorgsamste Gewichtsprobe Deines Wesens angestellt. Das ist wahr. Aber Du mußt bedenken: Du hast Dich selbst auf die Wagschale gelegt.

Du mußt bedenken: wenn Du mit einem einzigen Augenblick meiner Gefängniszeit zusammengetan wirst, dann schnellt die Schale, in der Du liegst, empor. Eitelkeit hat Dich die Wage wählen, Eitelkeit daran haften lassen. Da lag der eine schwere psychologische Irrtum unsrer Freundschaft, ihr völliger Proportionsmangel. Du erzwangst Deinen Weg in ein für Dich zu großes Leben, dessen Bahn über Dein Sehvermögen hinausging, nicht minder als über Dein Vermögen zyklischer Bewegung, ein Leben, dessen Gedanken, Leidenschaften und Handlungen von starkem Gehalt, von weitem Interesse und mit wunder- oder grauenvollen Folgen fürwahr zu schwer befrachtet waren. Dein kleines Leben kleiner Launen und Stimmungen war in seiner eignen kleinen Kreisbahn herrlich. Es war herrlich in Oxford, wo das Schlimmste, was Dich treffen konnte, eine Rüge vom Dekan oder ein Verweis vom Rektor war und wo der Sieg von Magdalen im Wettrudern und das Abbrennen eines Freudenfeuers im Universitätshof zur Feier des hehren Ereignisses als höchstes der Gefühle galt. Dein Leben hätte sich in seiner eignen Kreisbahn weiter abspielen sollen, nachdem Du Oxford verlassen hattest. In Dir selbst war alles in bester Ordnung. Du warst ein tadelloses Exemplar einer sehr modernen Gattung. Nur in Parallele zu mir paßtest Du nicht. Deine rücksichtslose Verschwendung war ein Verbrechen. Jugend ist immer verschwenderisch. Daß Du mich zwangst, für Deine Verschwendungssucht zu bezahlen, war schändlich. Dein Wunsch, einen Freund zu haben, mit dem Du vom Morgen bis zur Nacht Deine Zeit hinbringen konntest, war reizend. Er war beinah idyllisch. Doch der Freund, an den Du Dich anschlossest, hätte nicht ein Schriftsteller, ein Künstler sein sollen, nicht jemand, dem Deine ständige Gegenwart ebensosehr jedes schöne Werk vernichtete wie die Schöpferkraft lähmte. Es war kein Arg von Dir dabei, in ernsthafte Erwägung zu ziehn, daß die vollendetste Art, einen Abend zu verbringen, ein Champagner-Diner im Savoy war, darauf eine Loge in einem Varieté und ein Champagner-Souper bei Willis als »bonne bouche« zum Abschluß. Ganze Rudel entzückender junger Leute in London sind derselben Ansicht. Es ist nicht einmal eine Ausschweifung. Es ist der Befähigungsnachweis zum Eintritt in White's Club. Doch Du hattest kein Recht, von mir zu verlangen, daß ich der Lieferant solcher Freuden für Dich werde. Es verriet Deinen Mangel an wirklicher Wertschätzung meines Genies.

Dein Streit mit Deinem Vater hinwiederum, was man auch darüber denken mag, hätte offenbar durchaus eine Frage zwischen euch zweien bleiben müssen. Er hätte in einem Hinterhof ausgetragen werden sollen. Das geschieht wohl in der Regel mit solchen Streitigkeiten. Dein Fehler lag darin, ihn mit Gewalt als Tragikomödie auf hohem Brettergerüst spielen zu lassen vor dem Forum der Geschichte, mit der ganzen Welt als Hörerschaft und mit mir selbst als Preis für den Sieger in dem verächtlichen Strauß. Die Tatsache, daß Dein Vater Dich und Du Deinen Vater verabscheutest, war nicht von Belang für das englische Publikum. Solche Gefühle sind im englischen Familienleben gang und gäbe und sollten auf den dafür bezeichnenden Ort beschränkt bleiben: das traute Heim. Außerhalb dieses Kreises sind sie ganz fehl am Ort. Sie auf einen andern Schauplatz zu verlegen, ist eine Beleidigung. Das Familienleben läßt sich nicht wie eine rote Fahne behandeln, mit der man auf den Straßen prunkt, oder wie ein Horn, das man heiser vom First des Daches bläst. Du hobst Häusliches aus dem ihm zukommenden Bereich, ganz so, wie Du Dich aus dem Dir zukommenden Bereich hobst. Und wer sein eigentliches Feld aufgibt, der ändert bloß seine Umgebung, nicht seine Natur. Er eignet sich nicht die Gedanken oder Leidenschaften an, die in dem von ihm betretenen Kreis vorherrschen. Es liegt nicht in seiner Macht.

Von künstlerischem Gesichtspunkt aus kenne ich in der gesamten dramatischen Literatur nichts Unvergleichlicheres, in der Feinheit der Beobachtung Anregenderes als die Art, wie Shakespeare Rosenkranz und Güldenstern zeichnet. Sie sind Hamlets Universitätsfreunde; sind seine Gefährten gewesen. Sie bringen Erinnerungen an gemeinsam verlebte frohe Tage mit. In dem Augenblick, da sie Hamlet im Stücke begegnen, taumelt er unter der Last einer Bürde, die für einen Menschen seiner Gemütsart unerträglich ist. Der Tote ist gewaffnet aus dem Grabe auferstanden, um ihm eine Mission aufzuerlegen, die zu groß und gleichzeitig zu niedrig für ihn ist. Er ist ein Träumer und soll handeln. Er hat die Veranlagung eines Dichters, und man verlangt von ihm, er solle mit der gewöhnlichen Verknüpfung von Ursache und Wirkung ringen, mit dem Leben in seiner praktischen Gestalt, von dem er nichts weiß, nicht mit dem Leben in seinem idealen Wesen, von dem er so viel weiß. Er hat keine Ahnung, was er tun soll, und sein Wahnsinn besteht darin, Wahnsinn zu heucheln. Brutus benutzte die Schwermut als Mantel, das Schwert seiner Absicht, den Dolch seines Wissens darunter zu verbergen; aber Hamlets Tollheit ist lediglich eine Maske für seine Schwäche. Im Grimassenschneiden und Witzereißen erblickt er eine Gelegenheit zum Aufschub. Er spielt beständig mit der Tat, wie ein Künstler mit einer Theorie spielt. Er macht sich zum Späher seiner eignen Handlungen, und wenn er seinen eignen Worten lauscht, weiß er, es sind nur »Worte, Worte, Worte«. Statt einen Versuch zu wagen, der Held seiner eignen Geschichte zu werden, bemüht er sich, der Zuschauer seiner eignen Tragödie zu sein. Er glaubt an nichts, sich selbst mitgerechnet, und doch nützt ihm sein Zweifeln nicht, da es nicht dem Skeptizismus, sondern einem zwiespältigen Willen entspringt.

Von alledem begreifen Güldenstern und Rosenkranz nichts. Sie verbeugen sich und schmunzeln und lächeln, und was der eine sagt, echot der andre mit widerlichem Tonfall. Als schließlich, mit Hilfe des Spiels im Spiele und der Marionetten in ihrem Getändel, Hamlet den König in der »Schlinge seines Gewissens« fängt und den Unhold in seiner Angst vom Throne jagt, da sehn Güldenstern und Rosenkranz in seinem Betragen höchstens eine ziemlich peinliche Verletzung der Hofetikette. So weit ist es ihnen nur gegeben, »das Schauspiel des Lebens mit eignen Empfindungen zu betrachten«. Sie sind in der Nähe seines Geheimnisses und wissen nichts davon. Und es hätte auch keinen Zweck, sie einzuweihn. Sie sind die kleinen Becher, die so viel fassen und nicht mehr. Gegen Ende wird angedeutet, daß sie bei einem hinterlistigen Anschlag, den sie gegeneinander planen, abgefaßt werden und einen gewaltsamen, plötzlichen Tod gefunden haben oder finden werden. Aber ein tragisches Ende solcher Art, wenn Hamlets Humor ihm auch einen Anstrich von komödienhafter Überraschung und Gerechtigkeit gibt, kommt Burschen ihres Schlags wirklich nicht zu. Sie sterben nie. Horatio, der, um »Hamlet und seine Sache den Unbefriedigten zu erklären«,

»sich noch verbannet von der Seligkeit
und in der herben Welt mit Mühe atmet«

– Horatio stirbt, wenn auch nicht vor den Zuhörern, und hinterläßt keinen Bruder. Güldenstern und Rosenkranz jedoch sind unsterblich wie Angelo und Tartüff und sollten mit ihnen in einer Reihe stehn. Sie sind der Beitrag des modernen Lebens zum antiken Freundschaftsideal. Wer künftig ein neues Buch »De amicitia« schreibt, muß ihnen eine Nische anweisen und sie in ciceromanischer Prosa preisen. Sie sind stehende Typen für alle Zeiten. Sie schelten, hieße es an der richtigen Würdigung fehlen lassen. Sie sind einfach nicht an ihrem Platze: das ist das Ganze. Seelengröße ist nicht ansteckend. Erhabne Gedanken und erhabne Gefühle stehn von Haus aus allein da.

Was eine Ophelia nicht verstehn konnte, vermochten Güldenstern und der »liebe« Rosenkranz, Rosenkranz und der »liebe« Güldenstern nicht zu begreifen. Ich will euch natürlich nicht vergleichen. Es ist ein weiter Unterschied zwischen euch. Was bei ihnen Zufall war, war bei Dir freie Wahl. Mit Vorbedacht und von mir unaufgefordert, drängtest Du Dich in meinen Bereich, rissest dort einen Platz an Dich, auf den Du weder ein Recht noch für den Du die Eignung besaßest, brachtest durch eine sonderbare Beharrlichkeit und dadurch, daß Du Deine Anwesenheit zu einem Bestandteil jedes einzelnen Tages werden ließest, es fertig, mein gesamtes Leben ganz für Dich in Anspruch zu nehmen, und wußtest nichts besseres mit diesem Leben anzufangen, als es in Stücke zu brechen. So seltsam es Dir klingen mag, es war nur natürlich, daß Du es getan hast. Wenn man einem Kind ein für sein Hirnchen zu wundervolles oder für seine erst halb wachen Augen zu schönes Spielzeug gibt, zerbricht es, wenn es eigensinnig ist, das Spielzeug; wenn es sorglos ist, läßt es das Spielzeug fallen und läuft zu seinen Gefährten davon. So war es mit Dir. Nachdem Du mein Leben in der Gewalt hattest, wußtest Du nicht, was Du damit anfangen solltest. Du konntest es nicht wissen. Es war etwas zu Wundervolles, in Deinem Griff zu sein. Du hättest es aus der Hand gleiten lassen und wieder zu Deinen eignen Spielkameraden gehn sollen. Doch leider warst Du eigensinnig, und so zerbrachst Du es. Das ist vielleicht, wenn alles gesagt ist, das letzte Geheimnis sämtlicher Geschehnisse. Denn Geheimnisse sind immer kleiner als ihre Offenbarungen. Durch die Verrückung eines Atoms wird vielleicht eine Welt erschüttert. Und um mich nicht mehr zu schonen als Dich, will ich noch dieses beifügen: so gefährlich für mich die Bekanntschaft mit Dir war, sie wurde verhängnisvoll durch den besondern Augenblick, in dem sie erfolgte. Denn Du standest in dem Alter, in welchem alles, was man tut, nicht mehr ist als das Auswerfen der Saat, und ich stand in dem Alter, in welchem alles, was man tut, nicht weniger ist als das Einbringen der Ernte.

Es gibt noch ein paar andre Punkte, über die ich Dir schreiben muß. Der erste betrifft meinen Bankrott. Ich hörte vor einigen Tagen – mit großem Verdruß, wie ich zugebe –, daß es jetzt für Deine Familie zu spät sei, Deinen Vater abzufinden, daß es wider das Gesetz verstoße und daß ich noch geraume Zeit in meiner gegenwärtigen peinlichen Lage bleiben müsse. Es ist bitter für mich, denn es wird mir von rechtskundiger Seite versichert, ich könne nicht einmal ein Buch veröffentlichen ohne Genehmigung des Konkursverwalters, dem alle Abrechnungen vorgelegt werden müßten; ich könne keinen Kontrakt mit einem Theaterdirektor abschließen oder ein Stück aufführen lassen, ohne daß die Tantiemen an Deinen Vater und meine paar andern Gläubiger gelangten. Selbst Du wirst jetzt wohl zugeben, daß der Plan, Deinen Vater »hineinzulegen«, indem man ihm gestattete, mich für bankrott erklären zu lassen, wirklich nicht der glänzende Erfolg auf der ganzen Linie geworden ist, wie Du ihn Dir vorgestellt hast.

Für mich wenigstens ist es schmerzlich gewesen, und mein Gefühl der durch meine Bettelarmut hervorgerufenen Demütigung hätte man eher berücksichtigen sollen als Deinen noch so ätzenden oder unvermuteten Humor. Die unleugbare Tatsache besteht: dadurch daß Du in meinen Bankrott willigtest und mich in den ursprünglichen Prozeß hineinhetztest, hast Du Deinem Vater in die Karten gespielt und genau das getan, was er wollte.

Allein und ohne Unterstützung wäre er von Anbeginn machtlos gewesen. In Dir – wenn es auch nicht Deine Absicht war, einen so greulichen Posten zu bekleiden – hat er stets seinen Hauptverbündeten gefunden.

Ich erfahre durch More Adey in einem Brief, Du habest letzten Sommer bei mehr als einem Anlaß den Wunsch geäußert, mir »ein wenig von dem, was ich für Dich ausgab«, zurückzuzahlen. Wie ich in meiner Antwort an ihn sagte: leider habe ich meine Kunst, mein Leben, meinen Namen, meine Stellung in der Geschichte für Dich hingegeben; und wenn Deine Angehörigen alle wunderbaren Dinge auf der Welt zur Verfügung hätten oder das, was der Welt wunderbar scheint: Genie, Schönheit, Reichtum, hoher Rang und dergleichen, und sie mir alle zu Füßen legten, würden sie mir nicht ein Zehntel der kleinsten Dinge zurückzahlen, die mir genommen worden sind, oder eine Träne von den letzten Tränen, die ich vergossen habe. Jedoch man muß selbstverständlich für alles, was man tut, zahlen. Sogar einer, der bankrott ist, muß es.

Du stehst, wie es scheint, unter dem Eindruck, der Bankrott sei ein bequemes Mittel, wodurch man die Bezahlung seiner Schulden vermeiden, tatsächlich »seine Gläubiger hineinlegen« könne. Es ist ganz etwas andres.

Es ist das Verfahren, wodurch die Gläubiger eines Mannes »ihn hineinlegen«, um bei Deinem Lieblingsausdruck zu bleiben, und wodurch das Gesetz, vermittels der Beschlagnahme seines gesamten Eigentums, ihn zwingt, jede seiner Schulden zu bezahlen, und, wenn er dazu nicht imstande ist, ihn mittellos läßt wie den gemeinsten Bettler, der in einem Bogengang steht oder eine Straße hinunterrutscht und seine Hand nach Almosen streckt, um die zu bitten er, in England wenigstens, Angst hat. Das Gesetz hat mir nicht nur alles genommen, was ich habe: meine Bücher, Möbel, Bilder, meine Urheberrechte an meinen veröffentlichten Werken, meine Urheberrechte an meinen Theaterstücken, alles tatsächlich vom »Glücklichen Prinzen« und »Lady Windermeres Fächer« an bis herab zu den Treppenläufern und dem Kratzeisen meines Hauses, sondern auch alles, was ich je besitzen werde. So zum Beispiel wurde mein Anteil an meinem Ehegut verkauft.

Glücklicherweise war ich in der Lage, ihn durch meine Freunde zurückzukaufen. Sonst wären, falls meine Frau stürbe, meine beiden Kinder bei meinen Lebzeiten ebenso mittellos wie ich. Mein Anteil an unserm irischen Grundbesitz, den mir mein Vater vererbt hat, wird vermutlich als nächstes an die Reihe kommen.

Sein Verkauf weckt sehr bittere Gefühle in mir, doch ich muß mich fügen.

Deines Vaters siebenhundert Pence – oder sind es Pfunde? – stehn im Weg und müssen zurückerstattet werden. Selbst wenn man mich von allem entblößt, was ich besitze und je besitzen werde, und das Verfahren wegen hoffnungsloser Zahlungsunfähigkeit eingestellt wird, bleiben noch meine Schulden. Die Diners im Savoy: die klare Schildkrötensuppe; die köstlichen, in ihre zackigen sizilischen Weinblätter gehüllten Ortolane; der schwere, bernsteinfarbene, ja, fast nach Bernstein duftende Champagner– Dagonet, 1880er, war, glaube ich, Dein Lieblingswein – sind alle noch zu bezahlen. Die Soupers bei Willis: die besondern cuvées von Perrier-Jouet, die man für uns immer reservierte, die ausgezeichneten Gänseleberpasteten, die direkt von Straßburg kamen; die wunderbare fine champagne, die immer auf dem Grunde großer, glockenförmiger Gläser serviert wurde, damit die Blume desto besser gewürdigt werde von den wahren epikuräischen Genießern dessen, was wirklich erlesen im Leben war – die können nicht unbezahlt bleiben, als böswillige Schulden eines unehrlichen Gastes. Selbst die zierlichen Manschettenknöpfe – vier herzförmige Mondsteine von silbrigem Hauch, mit Rubinen und Diamanten abwechselnd eingefaßt – die ich entworfen und bei Henry Lewis in Auftrag gegeben hatte, als ein besondres kleines Geschenk für Dich zur Feier des Erfolges meiner zweiten Komödie – selbst die – obwohl Du sie, glaube ich, ein paar Monate später für ein Butterbrot verkauft hast – sind noch zu bezahlen. Ich kann den Juwelier für die Geschenke, die ich Dir gemacht habe, nicht zu Schaden kommen lassen, einerlei, was Du damit angefangen hast. Du siehst also: ich habe, selbst wenn das Verfahren eingestellt wird, noch meine Schulden zu bezahlen.

Und was von einem für bankrott Erklärten gilt, das gilt von jedem andern im Leben. Für jedes einzelne Ding, das man tut, hat jemand zu zahlen. Selbst Du – mit all Deinem Verlangen, aller Pflichten ledig zu sein, Deiner Beharrlichkeit, jedes Ding von andern geliefert zu bekommen, Deinen Versuchen, Ansprüche an Deine Liebe, Rücksicht oder Dankbarkeit zurückzuweisen – selbst Du wirst eines Tages ernsthaft darüber nachdenken müssen, was Du getan hast, und, sei er noch so vergeblich, einen Wiedergutmachungsversuch nicht unterlassen können. Die Tatsache, daß Du zur Ausführung nicht imstande bist, wird einen Teil Deiner Strafe bilden. Du kannst Deine Hände nicht von aller Verantwortung reinwaschen und achselzuckend oder lächelnd Dir vornehmen, zu einem neuen Freund oder einem frisch gedeckten Gelage fürbaß zu gehn. Du kannst nicht alles, was Du über mich gebracht hast, als sentimentale Erinnrung behandeln, die man gelegentlich mit den Zigaretten und Likören aufträgt, als malerischen Hintergrund für ein modernes Leben der Freude, gleich einem alten Wandteppich, der in einer Kneipe hängt. Es mag für den Augenblick den Reiz einer neuen Speise oder eines frischen Weinjahrgangs haben, aber die Brocken eines Festmahls werden hart, und der Bodensatz einer Flasche ist bitter. Entweder heut oder morgen oder irgendeinen Tag wirst Du Dir das zum Bewußtsein bringen müssen. Sonst könntest Du sterben, ohne es getan zu haben, und was für ein armseliges, verhungertes, phantasieloses Leben hättest Du dann gehabt!

In meinem Brief an More hab ich einen Standpunkt durchblicken lassen, von dem aus an die Sache so bald wie möglich heranzutreten Du besser tätest. Er wird Dir sagen, was es ist. Es zu verstehn, wirst Du Deine Phantasie entwickeln müssen. Bedenke: Phantasie ist die Gabe, die einen befähigt, Dinge und Menschen in ihren realen wie in ihren idealen Beziehungen zu sehn. Wenn Du es nicht allein Dir zum Bewußtsein bringen kannst, sprich mit andern darüber. Ich habe meine Vergangenheit Aug in Aug ansehn müssen. Sieh Du Deine Vergangenheit Aug in Aug an. Setze Dich ruhig hin und betrachte sie. Das höchste Laster ist Seichtheit. Alles, was zum Bewußtsein kommt, ist richtig. Sprich, mit Deinem Bruder darüber. Der rechte Mensch dafür ist Percy. Laß ihn diesen Brief lesen und alle Umstände unsrer Freundschaft erfahren. Wenn ihm die Dinge klar hingestellt werden, ist keines Urteil besser. Hätten wir ihm die Wahrheit gesagt, was wäre mir für eine Menge Leid und Schande erspart geblieben! Du erinnerst Dich, ich machte den Vorschlag, es zu tun, an dem Abend, als Du von Algier in London ankamst. Du lehntest es glatt ab. Wir hatten daher, als er sich nach dem Essen einfand, die Komödie zu spielen, Dein Vater sei ein Geisteskranker und albernen, unerklärbaren Wahnvorstellungen unterworfen. Es war eine herrliche Komödie, solange sie dauerte, um so mehr, als Percy alles ganz ernst nahm. Leider endete sie auf sehr empörende Art. Das, worüber ich jetzt schreibe, ist eine ihrer Folgen; und wenn es für Dich eine Belästigung ist, so vergiß bitte nicht, daß es die tiefste meiner Demütigungen ist, eine, durch die ich hindurch muß. Ich habe keine andre Wahl. Auch Du hast keine.

Das zweite, worüber ich mit Dir sprechen muß, betrifft die Bedingungen, Umstände und den Ort unsrer Begegnung, wenn meine Strafzeit um ist. Aus Stellen Deines im Frühsommer des letzten Jahres an Robbie geschriebenen Briefes ersehe ich, daß Du in zwei Paketen meine Briefe und meine Geschenke an Dich versiegelt hast – wenigstens so viel von beiden noch übrig ist – und sie mir sehr gern persönlich einhändigen möchtest. Sie müssen natürlich unbedingt zurückgegeben werden. Du hast nicht verstanden, warum ich schöne Briefe an Dich schrieb, so wenig wie Du verstanden hast, warum ich Dir schöne Geschenke machte. Du begriffst nicht, daß jene nicht zur Veröffentlichung, so wenig wie diese dazu bestimmt waren, verpfändet zu werden. Außerdem gehören sie einem Abschnitt meines Lebens an, der lange vorüber ist, einer Freundschaft, die Du in ihrem wahren Wert nicht zu würdigen vermochtest. Du mußt jetzt mit Erstaunen auf die Tage zurückblicken, da Du mein ganzes Leben in der Hand hattest. Auch ich blicke mit Erstaunen auf sie zurück und mit andern, mit sehr verschiedenen Gefühlen.

Für einen, der so modern ist wie ich, so sehr »enfant de mon siècle«, wird es natürlich stets eine Lust sein, die Welt auch nur zu sehn. Ich zittre vor Freude, wenn ich daran denke, daß an dem Tag, an dem ich das Gefängnis verlasse, Goldregen und Flieder in den Gärten blühn, und daß ich sehn werde, wie der Wind das hangende Gold des einen ohne Rast und Ruh rütteln und das blaß-purpurne Gefieder des andern zausen wird, so daß die ganze Luft Arabien für mich sein soll. Linné sank auf die Knie und weinte vor Seligkeit, als er zum erstenmal die lange Heide eines englischen Hochlands sah, das die würzigen Ginsterblüten gelb gefärbt hatten; und ich, dem Blumen ein Teil der Sehnsucht sind, ich weiß, daß Tränen meiner in den Blättern einer Rose harren. Von Jugend auf war es so mit mir. Es gibt nicht eine Farbe, die sich in dem Kelch einer Blume oder in der Rundung einer Muschel versteckt, auf die ich vermöge einer zarten Sympathie mit der Seele aller Kreatur nicht einginge. Wie Gautier bin ich stets einer von denen gewesen, »pour qui le monde visible existe«.

Immerhin weiß ich jetzt, daß hinter all dieser Schönheit, so überzeugend sie auch sein mag, ein Geist verborgen ist, von dem die bunten Formen und Gestalten nur Erscheinungsspielarten sind, und mit diesem Geist wünsche ich mich in Einklang zu bringen. Des deutlich vernehmbaren Ausdrucks der Menschen und Dinge bin ich überdrüssig geworden. Das Mystische in der Kunst, das Mystische im Leben, das Mystische in der Natur – das ist es, wonach ich suche, und in den großen Musiksymphonien, dem weihevollen Schmerz und den Tiefen des Meeres werde ich es vielleicht finden. Ja, es ist unbedingt nötig, daß ich es irgendwo finde.

Ich habe eigentümliches Verlangen nach den großen, einfachen Urdingen, wie dem Meer, das mir ebenso wie die Erde eine Mutter ist. Mir will es scheinen, als sähen wir alle die Natur zu viel an und lebten zu wenig mit ihr. Ich erblicke viel gesunden Verstand in der Haltung der Griechen gegenüber der Natur. Sie schwatzten nie von Sonnenuntergängen, erörterten nie die Frage, ob die Schatten auf dem Grase wirklich violett seien oder nicht. Aber sie erkannten, daß das Meer für den Schwimmer und der Sand für die Füße des Wettläufers da sei. Sie liebten die Bäume um der Schatten willen, die sie werfen, und den Wald um seines Schweigens willen zur Mittagszeit. Der Winzer im Weinberg kränzte sein Haar mit Efeu, um die Sonnenstrahlen abzuwehren, wenn er sich über die jungen Schößlinge neigte, und für den Künstler und den Athleten – die beiden Typen, die uns Hellas geschenkt hat – flochten sie die Blätter des bittern Lorbeers und der wilden Petersilie, die sonst dem Menschen nichts getaugt hätten, zum Kranze.

Wir nennen uns ein Utilitätszeitalter und wissen kein einziges Ding zu nützen. Wir haben vergessen, daß Wasser reinigen, Feuer läutern kann und daß die Erde unsre Allmutter ist. Infolgedessen ist unsre Kunst vom Monde und spielt mit Schatten, während die griechische Kunst von der Sonne ist und sich unmittelbar mit den Dingen befaßt. Ich bin überzeugt, die Elemente haben läuternde Kraft, und ich will zu ihnen zurückkehren und in ihrer Gesellschaft leben.

Alle Prozesse sind Prozesse, bei denen es ums Leben geht, genau so wie alle Urteile Todesurteile sind; und dreimal ist mir der Prozeß gemacht worden. Das erstemal verließ ich den Gerichtssaal, um verhaftet zu werden, das zweitemal, um in das Haftlokal zurückgeführt, das drittemal, um auf zwei Jahre in eine Gefängniszelle zu gehn. Die Gesellschaft, wie wir sie eingerichtet, wird keinen Platz für mich haben, hat mir keinen zu bieten; aber die Natur, deren süßer Regen auf Gerechte und Ungerechte gleichermaßen fällt, wird Felsschluchten im Gebirge für mich haben, wo ich mich verstecken kann, und geheime Täler, in deren Schweigen ich ungestört weinen darf. Sie wird die Nacht mit Sternen behängen, daß ich, ohne zu straucheln, im Finstern außer Landes gehn kann, und den Wind meine Fußstapfen verwehn lassen, daß niemand mich zu meinem Schaden verfolgen kann. Sie wird mich in großen Wässern entsühnen und mit bittern Kräutern heilen.

Ich werden wenn alles mit mir gut geht, gegen Ende Mai frei kommen und hoffe dann, mit Robbie und More Adey sogleich nach einem kleinen Platz an der See ins Ausland zu fahren.

Das Meer, sagt Euripides in einer seiner Iphigenien, spült die Flecken und Wunden der Welt hinweg.

Ich hoffe, mindestens einen Monat mit meinen Freunden zu verbringen und in ihrer gesunden, liebevollen Gesellschaft Frieden und Gleichgewicht, ein weniger geängstigtes Herz und eine sanftere Stimmung zu gewinnen. Nach Ablauf eines Monats, wenn die Junirosen in all ihrer üppigen Pracht sind, will ich, falls ich mich dazu imstande fühle, durch Robbie Anstalten treffen lassen zu einem Wiedersehn mit Dir in einer ruhigen Stadt des Auslands, wie Brügge, dessen graue Häuser, grüne Kanäle, kühle, stille Wege vor Jahren einen Zauber für mich hatten. Vorübergehend wirst Du Deinen Namen ändern müssen. Den kleinen Titel, der Dich so eitel machte – und wahrhaftig, er ließ Deinen Namen wie den Namen einer Blume klingen –, wirst

Du ablegen müssen, wenn Du mich sehn willst; ganz so wie ich meinen Namen, der früher so musikalisch im Munde des Ruhms war, meinerseits aufzugeben habe. Wie beschränkt und erbärmlich, wie wenig seinen Lasten gewachsen ist dieses unser Jahrhundert! Es kann dem Erfolg seinen Palast aus Porphyr geben, aber für Leid und Schande hat es nicht einmal eine Strohhütte zum Wohnen. Alles, was es für mich tun kann, ist: mich aufzufordern, meinen Namen gegen einen andern umzutauschen, wo selbst das Mittelalter mir die Mönchskapuze oder das Gesichtstuch des Aussätzigen gegeben hätte, so daß ich dahinter in Frieden sein könnte.

Hoffentlich wird unsre Begegnung das werden, was eine Begegnung zwischen Dir und mir nach allem, was vorgefallen ist, sein soll. In alten Tagen war immer eine weite Kluft zwischen uns – die Kluft vollendeter Kunst und erworbener Kultur; jetzt ist eine noch weitere Kluft zwischen uns: die des Leidens, doch der Demut ist nichts unmöglich, und der Liebe wird alles leicht.

Was Deinen Brief an mich als Antwort hierauf betrifft, so mag er lang oder kurz sein, wie es Dir beliebt. Adressiere an den »Direktor, I. M. Gefängnis, Reading«. In einen zweiten, offnen Umschlag lege Deinen Brief an mich ein. Wenn Dein Papier sehr dünn ist, beschreibe nicht beide Seiten, weil dadurch das Lesen erschwert wird. Ich habe Dir mit vollster Freiheit geschrieben. Du kannst mir ebenso schreiben. Was ich von Dir erfahren muß, ist: warum Du nie den Versuch gemacht hast, mir seit August des vorletzten Jahres zu schreiben, besonders nachdem Du im Mai des letzten Jahres, also jetzt vor elf Monaten, erfuhrst und vor andern daraus kein Hehl machtest, wie ich durch Dich litt und wie es mir zum Bewußtsein kam.

Ich habe Monat um Monat auf Nachricht von Dir gewartet. Selbst wenn ich nicht gewartet, sondern Dir die Türen versperrt hätte, hättest Du bedenken sollen, daß niemand für immer der Liebe die Türen versperren kann. Der ungerechte Richter in den Evangelien erhebt sich schließlich, um einen gerechten Spruch zu fällen, weil die Gerechtigkeit täglich kommt und an seine Tür klopft; und zur Nachtzeit gibt der Freund, in dessen Herzen keine wahre Freundschaft ist, schließlich dem Freunde nach »um seines unverschämten Geilens willen«. Auf keiner Welt gibt es ein Gefängnis, zu dem sich Liebe nicht den Eintritt erzwingen kann. Wenn Du das nicht verstanden hast, hast Du gar nichts von Liebe verstanden. Laß mich ferner alles von Deinem Aufsatz über mich für den »Mercure de France« wissen. Ich weiß einiges davon. Zitiere lieber daraus. Er ist schon gesetzt. Laß mich auch den Wortlaut der Widmung Deiner Gedichte wissen. Wenn sie in Prosa ist, zitiere die Prosa; wenn in Versen, zitiere die Verse. Ich zweifle nicht, es wird Schönes darin stehn. Schreibe mir frank und frei über Dich, Dein Leben, Deine Freunde, Deine Beschäftigung, Deine Bücher. Erzähle mir von Deinem Gedichtband und seiner Aufnahme. Was Du auch für Dich zu sagen hast, sag es ohne Furcht. Schreibe nicht, was Du nicht meinst. Das ist alles. Wenn etwas in Deinem Briefe falsch oder unecht ist, werde ich es am Klang sofort erkennen.

Nicht umsonst und nicht vergeblich bin ich in meinem lebenslänglichen Kult der Literatur zu einem geworden, der

»Mit Laut und Silbe geizt, nicht minder als

mit seinem Golde Midas«.

Bedenke auch, daß ich Dich noch kennenzulernen habe. Vielleicht haben wir einander noch kennenzulernen. Für Dich hab ich nur dieses letzte noch zu sagen: habe keine Angst vor der Vergangenheit. Wenn Dir die Menschen sagen, sie sei unabänderlich, glaube ihnen nicht: Vergangenheit, Gegenwart und Zukunft sind ein Augenblick vor Gott, vor dem wir zu leben bemüht sein sollten. Zeit und Raum, Aufeinanderfolge und Ausdehnung sind bloß zufällige Gedankenverbindungen. Die Phantasie kann sie überschreiten und sich in einem freien Bezirk idealer Existenzen bewegen. Auch die Dinge sind ihrem Wesen nach das, was uns daraus zu machen beliebt. Ein Ding ist, entsprechend der Art, wie wir es anschaun. »Wo andre«, sagt Blake, »nur die Dämmerung über den Berg kommen sehn, da sehe ich die Söhne Gottes vor Freude jauchzen.« Was die Welt und ich selbst als meine Zukunft auffaßten, das habe ich unwiederbringlich verloren, als ich mich in den Prozeß gegen Deinen Vater hetzen ließ; hatte sie wohl schon lange vorher verloren. Vor mir liegt meine Vergangenheit. Ich habe mich dahin zu bringen, daß ich sie mit andern Augen ansehe, habe Gott dahin zu bringen. Das kann ich nicht, wenn ich sie unbeachtet lasse, geringschätzig behandle, lobe oder verleugne. Es läßt sich nur erreichen, wenn ich sie als einen unvermeidlichen Teil der Entwicklung meines Lebens und Wesens hinnehme: indem ich vor allem, was ich erduldet, den Kopf neige. Wie weit ich von dem wahren Seelengleichmut entfernt bin, zeigt Dir ganz deutlich dieser Brief mit seinen wechselvollen, unsicheren Stimmungen, seiner Verachtung und seiner Bitterkeit, seinem Streben und dem Unvermögen, dieses Streben in die Tat umzusetzen. Vergiß aber nicht, in einer wie schrecklichen Schule ich an meiner Aufgabe sitze. Und so unvollständig, so unvollkommen ich bin, Du magst noch viel von mir zu gewinnen haben. Du wolltest bei mir die Lebensfreude und die Kunstfreude lernen. Vielleicht bin ich dazu berufen, Dich etwas viel Wundervolleres zu lehren: die Bedeutung des Schmerzes und seine Schönheit.

Dein Dich liebender Freund
   Oscar Wilde